ÉDITORIAL

DÉCEMBRE 2025

prêtre assomptionniste

Un Dieu de chair

Sommes-nous encore capables de nous laisser surprendre par Noël ? Les guirlandes et les friandises risquent de renvoyer au folklore l'inouï de cette naissance. Jean a trouvé le poids des mots et le choc des images quand il écrit : « La Parole a pris chair. » Dans le nouveau-né de Bethléem, Dieu se laisse rencontrer à hauteur d'homme. La chair, c'est-à-dire la condition humaine dans sa fragilité et sa finitude, devient l'espace de la révélation de Dieu. Pourtant, la pleine humanité de Jésus Christ continue de faire difficulté. Pour certains, il semble même nécessaire de sacrifier l'humanité de Jésus sur l'autel de sa divinité. « Ô merveilleux échange », chante-t-on devant la crèche. Entrer dans le mystère de Noël, c'est saisir que l'humanité est le logiciel de la révélation du Dieu Amour. Jésus nous raconte son Père avec des gestes et des paroles d'homme. Il nous donne le rendez-vous, fraternel et eucharistique, du corps humilié et meurtri. Telle est la cohérence du dessein de Dieu : le salut s'inscrit à même la chair et s'accueille par le don de sa propre vie. Et cette chair mortelle, belle ou brisée, est promise à la résurrection. ■

Jésus nous raconte son Père avec des gestes et des paroles d'homme.

Annonce

CONFÉRENCE DES ÉVÊQUES DE FRANCE

Donner au denier pour faire vivre la mission de l'Église

L'Église catholique en France vit avant tout grâce à la générosité de ses fidèles. Chaque don, qu'il s'agisse d'un engagement de temps, de talents ou de biens matériels, est bien plus qu'un simple geste : c'est une manière d'entrer en communion avec Dieu et avec ses frères, et de contribuer activement à la construction du royaume de Dieu sur terre.

Parmi les différentes formes de soutien, le denier de l'Église occupe une place centrale. Instauré en 1905, il représente aujourd'hui la principale ressource financière de l'Église catholique en France. Ce don, versé par les fidèles à leur diocèse, permet de financer des missions essentielles au quotidien : le traitement des prêtres, les salaires des laïcs engagés dans l'Église, la catéchèse, l'organisation de pèlerinages, ainsi que l'entretien des églises, des salles paroissiales, des patronages et des logements des prêtres. À lui seul, le denier couvre près de la moitié des ressources courantes de l'Église.

Mais son importance dépasse largement la dimension financière. C'est un acte spirituel profond, ancré dans

Annonce

la tradition biblique de la dîme et de l'offrande au Temple. Jésus Christ lui-même a souligné la valeur de la générosité, comme en témoigne l'épisode évangélique de l'obole de la veuve, qui a donné tout ce qu'elle possédait.

Damien, 30 ans, donateur dans le diocèse de Verdun, explique son engagement : « Grâce à nos dons, nous permettons à l'Église de vivre et de faire rayonner la foi auprès de tous. C'est une façon concrète de soutenir ceux qui œuvrent chaque jour pour transmettre l'Évangile et accompagner les fidèles. »

Donner au denier, c'est donc bien plus qu'un simple geste financier. C'est un acte de foi, une manière d'affirmer son attachement à l'Église, de vivre la communion avec la communauté chrétienne et de participer activement à sa mission. Chaque contribution, quelle que soit sa taille, est une pierre apportée à l'édifice spirituel et matériel de l'Église, permettant à la foi de continuer à éclairer les vies et à transformer le monde.

Pour donner au denier, contactez votre diocèse ou rendez-vous sur : www.denier.catholique.fr

Prier avec le Saint-Père

Intention universelle du mois de décembre 2025

Prions pour que les chrétiens
qui vivent dans des contextes de guerre
ou de conflit, en particulier
au Moyen-Orient, soient des semences de paix,
de réconciliation et d'espoir.

Pour vous aider à prier :
www.prieraucoeurdumonde.net

SAINTS ET SAINTES DU MOIS DE DÉCEMBRE 2025

Xavier Lecœur, journaliste et historien

Chaque jour, l'Église fête plusieurs saints et bienheureux : ceux du calendrier romain, ceux des calendriers diocésains et ceux du calendrier des Églises orientales.
Tous les mois, Prions en Église *vous propose d'en découvrir quelques-uns.*

1er décembre
St Léonce
(Ve siècle)
Premier évêque de Fréjus (83). Il ordonna prêtre le futur saint Honorat et l'encouragea dans l'établissement de l'abbaye de Lérins.

2 décembre
Bx Jean de Ruysbroeck
(1293-1381)
« Dieu est une clarté et une lumière qui s'adressent à tous », rappelait ce prêtre flamand, qui a laissé de grands ouvrages mystiques.

3 décembre
St Birin
(VIIe siècle)
Envoyé en Angleterre par le pape Honorius Ier, il évangélisa le Wessex et fut le premier évêque de Dorchester.

4 décembre
St Jean Calabria
(1873-1954)
Ce prêtre italien fonda les congrégations des Pauvres Serviteurs et des Pauvres Servantes de la Divine Providence, au service des plus faibles. « Dans les moments difficiles, tournons-nous vers Jésus Crucifié », recommandait-il.

5 décembre
St Gérald
(XIIe siècle)
Sa maîtrise du chant liturgique valut à ce moine de Moissac (82) d'être appelé à Tolède (Espagne), puis à Braga (Portugal), où il fut évêque.

6 décembre
Ste Asella
(vers 334-vers 406)
Disciple de saint Jérôme, qui loua ses vertus : elle parvint à mener, dans le tumulte de Rome, une vie de pénitence, de prière et de charité.

7 décembre
St Ambroise
(vers 340-397)
Haut fonctionnaire

impérial, il eut la surprise d'être choisi comme évêque de Milan alors qu'il n'était encore que catéchumène ! Par ses prêches, il joua un rôle essentiel dans la conversion de saint Augustin. Docteur de l'Église.

8 décembre
Immaculée Conception

9 décembre
St Pierre Fourier
(1565-1640)
« Dieu met toutes choses à profit », affirmait ce curé lorrain qui ranima la ferveur religieuse de sa paroisse de Mattaincourt (88) et fonda, avec la bienheureuse Alix Le Clerc, la congrégation Notre-Dame pour l'éducation des jeunes filles pauvres. Canonisé en 1897.

10 décembre
Bx Jean Mason
(XVIe siècle)
Laïc anglais, pendu pour avoir aidé des prêtres catholiques romains.

11 décembre
St Daniel le Stylite
(409-493)
Ce prêtre passa trente-trois ans sur une petite plate-forme située en haut d'une colonne près du Bosphore, d'où il prononçait exhortations, prières et prophéties.

12 décembre
Bx Pie Bartosik
(1909-1941)
Jeune prêtre franciscain polonais, arrêté avec saint Maximilien Kolbe et trois autres religieux du couvent de Niepokalanow. Il mourut en déportation à Auschwitz. Béatifié en 1999.

13 décembre
Bx Jean Marinon
(1490-1562)
Ce Vénitien renonça à la prestigieuse charge de chanoine de la cathédrale Saint-Marc pour rejoindre le nouvel ordre des Théatins. Comme le fondateur saint Gaétan, il s'adonna à la prédication et au service des pauvres.

14 décembre
St Nicaise
(Ve siècle)
Évêque de Reims, il fut livré au martyre, avec sa sœur Eutropie, des membres du clergé et de nombreux diocésains, lors d'une occupation de la ville par les Barbares.

15 décembre
Bx Charles Steeb
(1773-1856)
Né dans une famille allemande luthérienne, il devint catholique, fut ordonné prêtre et fonda, à Vérone, l'Institut des Sœurs de la Miséricorde pour s'occuper des pauvres et des malades. Béatifié en 1975.

16 décembre
Bse Marie des Anges
(1661-1717)
« N'agir en tout que dans le but de plaire à Dieu » : telle était la maxime de cette carmélite de Turin qui connut beaucoup d'épreuves, mais fut gratifiée de nombreuses grâces. Béatifiée en 1865.

17 décembre
St Sturm
(VIIIe siècle)
Disciple de l'« apôtre des Allemands » saint Boniface, il fut le premier abbé de la célèbre abbaye de Fulda (Hesse).

18 décembre
Bse Némésie Valle
(lire page 103)

19 décembre
Bx Guillaume de Fenoglio
(XIIe siècle)
D'abord ermite, il se rapprocha d'autres solitaires qui fondèrent la Chartreuse de Casotto (Piémont, Italie). Par humilité, il resta toujours frère convers.

20 décembre
St Zéphyrin
(IIe-IIIe siècles)
Quinzième pape. Durant son long pontificat (près de vingt ans), il eut à combattre plusieurs hérésies portant sur la Trinité et la divinité du Christ.

21 décembre
St Pierre Canisius
(1521-1597)
Il y a cent ans, en 1925, le pape Pie XI canonisait et proclamait docteur de l'Église ce jésuite hollandais qui fut un acteur important de la Réforme catholique dans les pays germaniques. Son *Catéchisme* connut un immense succès.

22 décembre
Bse Jutta de Spanheim
(vers 1092-1136)
Au monastère de Disibodenberg, près de Mayence (Allemagne), elle forma Hildégarde de Bingen et la dirigea sur la voie de la sainteté.

23 décembre
Ste Marie-Marguerite d'Youville
(1701-1771)
Cette religieuse fonda la congrégation hospitalière des Sœurs de la Charité de Montréal (dites « Sœurs Grises »). Première Canadienne canonisée, en 1990.

24 décembre
St Delphin
(IVe-Ve siècles)
Premier évêque de Bordeaux attesté avec certitude. Il fut l'ami de saint Ambroise de Milan et conféra le baptême à saint Paulin de Nole.

25 décembre
Nativité du Seigneur

26 décembre
Ste Vincente-Marie Lopez
(1847-1890)
Il y a cinquante ans, en 1975, le pape saint Paul VI canonisait cette Espagnole, fondatrice de l'institut des Filles de Marie Immaculée, destiné à aider les jeunes femmes travaillant comme domestiques.

27 décembre
Bx Odoardo Focherini
(1899-1944)
Marié et père de sept enfants, cet intellectuel et entrepreneur italien mourut en camp de concentration pour avoir aidé des juifs persécutés. Béatifié en 2013.

28 décembre
Saints Innocents
(Ier siècle)

29 décembre
St Trophime
(IIIe siècle)
Selon la tradition, il aurait été le premier évêque d'Arles (13), où une ancienne cathédrale porte encore son nom.

30 décembre
Bse Marguerite Colonna
(vers 1250-1284)
Née dans une grande famille romaine, elle renonça aux richesses pour mener une vie pauvre, pieuse et charitable, dans l'esprit de sainte Claire d'Assise.

31 décembre
St Sylvestre Ier
(285-335)
Ce pape dut composer avec l'empereur Constantin qui voulait contrôler l'Église et convoquait lui-même les conciles, tel celui de Nicée en 325. Son pontificat fut troublé par l'hérésie arienne, qui refusait au Christ la pleine divinité. ●

Prions avec les textes de la messe

DU 1ER AU 31 DÉCEMBRE 2025

Dimanche 7 décembre, *2e dimanche de l'Avent* . . . . *p. 42*
Dimanche 14 décembre, *3e dimanche de l'Avent* . . . . *p. 88*
Dimanche 21 décembre, *4e dimanche de l'Avent* . . . . *p. 132*
Nuit du 24 au 25 décembre, *nuit de Noël* . . . . *p. 161*
Jeudi 25 décembre, *jour de Noël* . . . . *p. 174*
Dimanche 28 décembre,
la Sainte Famille de Jésus, Marie et Joseph . . . . *p. 195*

Partagez vos intentions de prière

....

....

....

....

....

....

....

....

....

Envoyez vos intentions de prière à :
Prions en Église, Intentions de prière, 15 boulevard Gabriel-Péri, CS 10042 92245 Malakoff Cedex. **Elles seront portées par les pèlerins qui partiront à la rencontre des chrétiens du Vietnam, du 20 au 31 janvier 2026.**

LUNDI 1ER DÉCEMBRE 2025

1RE SEMAINE DE L'AVENT COULEUR LITURGIQUE : VIOLET

Temps de l'Avent, *messe de la férie*

Antienne d'ouverture

Écoutez, nations, la parole du Seigneur !
Annoncez-la jusqu'aux extrémités de la terre :
« Voici notre Sauveur qui vient, ne craignez plus. »
(cf. Jr 31, 10 ; Is 35, 4)

Prière

Seigneur notre Dieu, nous t'en prions : accorde-nous d'attendre sans faiblir la venue de ton Fils, pour qu'au jour où il viendra frapper à notre porte, il nous trouve vigilants dans la prière, joyeux de chanter sa louange. Lui qui… **— *Amen.***

Lecture

du livre du prophète Isaïe (4, 2-6)

« Il sera la splendeur des rescapés d'Israël »

Ce jour-là, le Germe* que fera grandir le Seigneur sera l'honneur et la gloire des rescapés d'Israël, le Fruit de la terre sera leur fierté et leur splendeur. Alors, ceux qui seront restés dans Sion, les survivants de Jérusalem, seront appelés saints : tous seront inscrits à Jérusalem pour y vivre. Quand le Seigneur aura lavé la souillure des filles de Sion, purifié Jérusalem du sang répandu, en y faisant passer le souffle du jugement, un souffle d'incendie,

alors, sur toute la montagne de Sion, sur les assemblées qui s'y tiennent, le Seigneur créera une nuée pendant le jour et, pendant la nuit, une fumée avec un feu de flammes éclatantes. Et au-dessus de tout, comme un dais, la gloire du Seigneur : elle sera, contre la chaleur du jour, l'ombre d'une hutte, un refuge, un abri contre l'orage et la pluie. – Parole du Seigneur.

Psaume 121 (122)

℟ *Dans la joie, nous irons à la maison du Seigneur.*

Quelle joie quand on m'a dit :
« Nous irons à la maison du Seigneur ! »
Maintenant notre marche prend fin
devant tes portes, Jérusalem ! ℟

Jérusalem, te voici dans tes murs :
ville où tout ensemble ne fait qu'un !
C'est là que montent les tribus,
les tribus du Seigneur. ℟

C'est là qu'Israël doit rendre grâce
au nom du Seigneur ;
c'est là le siège du droit,
le siège de la maison de David. ℟

Appelez le bonheur sur Jérusalem :
« Paix à ceux qui t'aiment !
Que la paix règne dans tes murs,
le bonheur dans tes palais ! » ℟

À cause de mes frères et de mes proches,
je dirai : « Paix sur toi ! »
À cause de la maison du Seigneur notre Dieu,
je désire ton bien. ℟

On peut aussi prendre une forme brève du psaume : 1re, 2e et 5e strophes.

Acclamation de l'Évangile

Alléluia, Alléluia. Viens, Seigneur, notre Dieu, délivre-nous. Montre-nous ton visage et nous serons sauvés. ***Alléluia.***

Évangile de Jésus Christ

selon saint Matthieu (8, 5-11)

« Beaucoup viendront de l'orient et de l'occident et prendront place au festin du royaume des Cieux »

En ce temps-là, comme Jésus était entré à Capharnaüm, un centurion s'approcha de lui et le supplia : « Seigneur, mon serviteur est couché, à la maison, paralysé, et il souffre terriblement. » Jésus lui dit : « Je vais aller moi-même le guérir. » Le centurion reprit : « Seigneur, je ne suis pas digne que tu entres sous mon toit, mais dis seulement une parole et mon serviteur sera guéri. Moi-même qui suis soumis à une autorité, j'ai des soldats sous mes ordres ; à l'un, je dis : "Va", et il va ; à un autre : "Viens", et il vient, et à mon esclave : "Fais ceci", et il le fait. » À ces mots, Jésus fut dans l'admiration et dit à ceux qui le suivaient : « Amen, je vous le déclare, chez personne en Israël, je n'ai trouvé une telle foi. Aussi je vous le dis : Beaucoup viendront de l'orient et de l'occident et prendront place avec Abraham, Isaac et Jacob au festin du royaume des Cieux. »

Prière sur les offrandes

Nous t'offrons, Seigneur, ces dons prélevés sur les bienfaits reçus de toi : nous t'en prions, accueille-les ; puisse la célébration fervente, que tu nous donnes d'accomplir dans le temps présent, nous obtenir la rédemption éternelle. Par le Christ, notre Seigneur. — ***Amen.***

1re préface de l'Avent, p. 233.

Antienne de la communion

Viens, Seigneur, nous visiter
dans la paix, afin que, de tout cœur,
nous nous réjouissions devant toi.
(cf. Ps 105, 4-5 ; Is 38, 3)

Prière après la communion

Nous t'en prions, Seigneur, fais fructifier en nous les mystères que nous avons célébrés : tandis que nous marchons dans ce monde qui passe, tu nous enseignes par eux à aimer dès maintenant les biens du ciel, et à nous attacher à ceux qui demeurent. Par le Christ, notre Seigneur. — ***Amen.***

INVITATION

En ce premier jour de décembre, je peux confectionner une couronne que j'accroche à ma porte d'entrée.

COMMENTAIRE

C'est quoi, être digne ? Matthieu 8, 5-11

En ce début d'Avent, la foi d'un centurion nous est donnée en exemple. Avec lui, à chaque eucharistie, nous disons : « Je ne suis pas digne de te recevoir. » Notre maison est souvent en désordre et poussiéreuse, nous voudrions qu'elle soit mieux décorée. Mais le Christ se moque de nos décors de Noël, puisqu'il naît dans une étable ! Notre foi en sa parole lui suffit pour nous rendre à la vie. ■

***Colette Hamza**, xavière*

✲ CLÉ DE LECTURE

« Le Germe » Isaïe 4, 2, *p. 13*

L'image du Germe est d'abord très concrète : ce sont les fruits de la terre qui attestent du retour des rescapés à une vie nouvelle, dans Jérusalem restaurée. Mais le terme évoque aussi le rejeton, le descendant tant attendu de la dynastie davidique, désormais compris comme le petit reste de ceux qui sont rentrés et qui portent l'espérance d'un avenir. Dès lors, il pourra représenter aussi la personne d'un Messie attendu pour une fin des temps glorieuse (cf. Jr 23, 5 ; Za 3, 8 et Za 6, 12). La traduction grecque transpose habilement l'image en « soleil levant » *(« anatolè »)*, car ce mot peut évoquer aussi le rejeton d'une plante. Et c'est cette image que l'évangile de Luc appliquera à la venue de Jésus dans le cantique de Zacharie (Lc 1, 78) : « L'astre d'en haut ». ■

***Roselyne Dupont-Roc**, bibliste*

MARDI 2 DÉCEMBRE 2025

1RE SEMAINE DE L'AVENT COULEUR LITURGIQUE : VIOLET

Temps de l'Avent, *messe de la férie*

Antienne d'ouverture

Voici que le Seigneur viendra, et tous les saints avec lui ;
on verra, ce jour-là, une grande lumière.
(cf. Za 14, 5.7)

Prière

Sois favorable à nos supplications, Seigneur Dieu ; nous t'en prions : accorde le secours de ta tendresse à ceux qui sont dans l'épreuve, afin que, réconfortés par la présence de ton Fils qui doit venir, nous soyons préservés de la dégradation des péchés. Par Jésus… ***– Amen.***

Lecture

du livre du prophète Isaïe (11, 1-10)

« Sur lui reposera l'esprit du Seigneur »

En ce jour-là, un rameau sortira de la souche de Jessé, père de David, un rejeton jaillira de ses racines. Sur lui reposera l'esprit du Seigneur : esprit de sagesse et de discernement, esprit de conseil et de force, esprit de connaissance et de crainte du Seigneur – qui lui inspirera la crainte du Seigneur. Il ne jugera pas sur l'apparence ; il ne se prononcera pas sur des rumeurs. Il jugera les petits avec justice ; avec droiture, il se

prononcera en faveur des humbles du pays. Du bâton de sa parole, il frappera le pays ; du souffle de ses lèvres, il fera mourir le méchant. La justice est la ceinture de ses hanches ; la fidélité est la ceinture de ses reins.
Le loup habitera avec l'agneau, le léopard se couchera près du chevreau, le veau et le lionceau seront nourris ensemble, un petit garçon les conduira. La vache et l'ourse auront même pâture, leurs petits auront même gîte. Le lion, comme le bœuf, mangera du fourrage. Le nourrisson s'amusera sur le nid du cobra ; sur le trou de la vipère, l'enfant étendra la main. Il n'y aura plus de mal ni de corruption sur toute ma montagne sainte ; car la connaissance du Seigneur* remplira le pays comme les eaux recouvrent le fond de la mer.
Ce jour-là, la racine de Jessé sera dressée comme un étendard pour les peuples, les nations la chercheront, et la gloire sera sa demeure.
– Parole du Seigneur.

Psaume 71 (72)

℟ ***En ces jours-là fleurira la justice, grande paix jusqu'à la fin des temps.***

Dieu, donne au roi tes pouvoirs,
à ce fils de roi ta justice.
Qu'il gouverne ton peuple avec justice,
qu'il fasse droit aux malheureux ! ℟

En ces jours-là, fleurira la justice,
grande paix jusqu'à la fin des lunes !
Qu'il domine de la mer à la mer,
et du Fleuve jusqu'au bout de la terre ! ℟

Il délivrera le pauvre qui appelle
et le malheureux sans recours.
Il aura souci du faible et du pauvre,
du pauvre dont il sauve la vie. ℟

Que son nom dure toujours ;
sous le soleil, que subsiste son nom !
En lui, que soient bénies toutes les familles de la terre ;
que tous les pays le disent bienheureux ! ℟

Acclamation de l'Évangile

Alléluia, Alléluia. Voici qu'il vient avec puissance, notre Seigneur, pour éclairer les yeux de ses serviteurs. ***Alléluia.***

Évangile de Jésus Christ

selon saint Luc (10, 21-24)

« Jésus exulta de joie sous l'action de l'Esprit Saint »

À l'heure même, Jésus exulta de joie sous l'action de l'Esprit Saint, et il dit : « Père, Seigneur du ciel et de la terre, je proclame ta louange : ce que tu as caché aux sages et aux savants, tu l'as révélé aux tout-petits. Oui, Père, tu l'as voulu ainsi dans ta bienveillance. Tout m'a été remis par mon Père. Personne ne connaît qui est le Fils, sinon le Père ; et personne ne connaît qui est le Père, sinon le Fils et celui à qui le Fils veut le révéler. » Puis il se tourna vers ses disciples et leur dit en particulier : « Heureux les yeux qui voient ce que vous voyez ! Car, je vous le déclare : beaucoup de prophètes et de rois ont voulu voir ce que vous-mêmes voyez, et ne l'ont pas vu, entendre ce que vous entendez, et ne l'ont pas entendu. »

Prière sur les offrandes

Laisse-toi fléchir, Seigneur, par nos offrandes et nos humbles prières ; nous ne pouvons pas invoquer nos mérites, viens par ta grâce à notre secours. Par le Christ, notre Seigneur. **– Amen.**

1re préface de l'Avent, p. 233.

Antienne de la communion

Le Seigneur, le juste juge,
remettra la couronne de justice
à tous ceux qui désirent avec amour
sa Manifestation glorieuse.
(cf. 2 Tm 4, 8)

Prière après la communion

Comblés par cette nourriture spirituelle, nous te supplions, Seigneur : quand nous participons à ce mystère, apprends-nous à évaluer avec sagesse les réalités de ce monde et à nous attacher aux biens du ciel. Par le Christ, notre Seigneur. **– Amen.**

INVITATION

Je note sur un bout de papier une phrase ou un verset tiré des lectures d'aujourd'hui. Il pourra m'accompagner tout au long de ma journée.

COMMENTAIRE

Esprit renversant

Isaïe 11, 1-10 ; Luc 10, 21-24

« Un rameau sortira de la souche de Jessé » et l'Esprit de Dieu repose en lui ! Le Père repose désormais en son Fils. Regardons le Christ, par qui l'Esprit vient renverser les valeurs et les alliances de notre monde. Regardons-le, qui dépasse les apparences, tranche en faveur du pauvre et du petit à qui Dieu se révèle. Regardons le Christ et laissons-nous envahir par ce souffle qui fait mourir en nous le méchant et tisse des alliances avec les contraires. Et exultons de sa joie. ■

Colette Hamza, xavière

✲ CLÉ DE LECTURE

« La connaissance du Seigneur »

Isaïe 11, 9 *(p. 19)*

L'ère de paix et de bonheur universel annoncée pour la fin des temps se dit aussi en termes de « connaissance du Seigneur » ; la connaissance étant un don de l'Esprit, un don du souffle créateur. De quoi s'agit-il ? Bien loin d'une gnose assurant à quelques-uns un salut par le savoir, à distance aussi de l'idée philosophique d'une connaissance du bien qui permettrait de le choisir, l'auteur chante ici la reconnaissance du Dieu créateur et sauveur. Cette connaissance est adhésion totale à son dessein de bénédiction pour le monde et pour l'humanité. Paul le dira autrement : connaître Dieu, c'est d'abord « être connu de lui », se laisser regarder et transformer par le regard aimant du Père, qui ne veut voir en chacun que l'image du Fils (cf. 1 Co 13, 12). ■

Roselyne Dupont-Roc, bibliste

MERCREDI 3 DÉCEMBRE 2025

1RE SEMAINE DE L'AVENT COULEUR LITURGIQUE : BLANC

Saint François Xavier

1506-1552. L'un des premiers compagnons de saint Ignace de Loyola, infatigable missionnaire, il sema l'Évangile en Inde, aux Moluques, au Japon…

Antienne d'ouverture

Je te rendrai grâce parmi les peuples, Seigneur ;
je proclamerai ton nom devant mes frères. (Ps 17, 50 ; 21, 23)

Prière

Seigneur Dieu, par la prédication de saint François Xavier, tu as acquis pour toi des peuples nombreux ; accorde aux fidèles d'avoir une ardeur aussi vive pour la foi, et à la sainte Église, la joie d'avoir en tout lieu une descendance innombrable. Par Jésus… ***— Amen.***

Lecture

du livre du prophète Isaïe (25, 6-10a)

« Le Seigneur préparera un festin et essuiera les larmes sur tous les visages »

En ce jour-là, le Seigneur de l'univers préparera pour tous les peuples, sur sa montagne, un festin* de viandes grasses et de vins capiteux, un festin de viandes succulentes et de vins décantés. Sur cette montagne, il fera disparaître le voile de deuil qui enveloppe tous les peuples et le linceul qui couvre toutes les nations. Il fera disparaître la mort pour toujours. Le Seigneur Dieu essuiera les larmes sur tous les visages, et par toute la terre il effacera l'humiliation de son peuple. Le Seigneur a parlé.

Et ce jour-là, on dira : « Voici notre Dieu, en lui nous espérions, et il nous a sauvés ; c'est lui le Seigneur, en lui nous espérions ; exultons, réjouissons-nous : il nous a sauvés ! » Car la main du Seigneur reposera sur cette montagne.
– Parole du Seigneur.

Psaume 22 (23)

℟ ***J'habiterai la maison du Seigneur pour la durée de mes jours.***

Le Seigneur est mon berger :
je ne manque de rien.
Sur des prés d'herbe fraîche,
il me fait reposer. ℟

Il me mène vers les eaux tranquilles
et me fait revivre ;
il me conduit par le juste chemin
pour l'honneur de son nom. ℟

Si je traverse les ravins de la mort,
je ne crains aucun mal,
car tu es avec moi :
ton bâton me guide et me rassure. ℟

Tu prépares la table pour moi
devant mes ennemis ;
tu répands le parfum sur ma tête,
ma coupe est débordante. ℟

Grâce et bonheur m'accompagnent
tous les jours de ma vie ;
j'habiterai la maison du Seigneur
pour la durée de mes jours. ℟

Acclamation de l'Évangile

Alléluia, Alléluia. Il viendra, le Seigneur, pour sauver son peuple. Heureux ceux qui sont prêts à partir à sa rencontre ! ***Alléluia.***

Évangile de Jésus Christ

selon saint Matthieu (15, 29-37)

Jésus guérit les infirmes et multiplie les pains

En ce temps-là, Jésus arriva près de la mer de Galilée. Il gravit la montagne et là, il s'assit. De grandes foules s'approchèrent de lui, avec des boiteux, des aveugles, des estropiés, des muets, et beaucoup d'autres encore ; on les déposa à ses pieds et il les guérit. Alors la foule était dans l'admiration en voyant des muets qui parlaient, des estropiés rétablis, des boiteux qui marchaient, des aveugles qui voyaient ; et ils rendirent gloire au Dieu d'Israël.

Jésus appela ses disciples et leur dit : « Je suis saisi de compassion pour cette foule, car depuis trois jours déjà ils restent auprès de moi, et n'ont rien à manger. Je ne veux pas les renvoyer à jeun, ils pourraient défaillir en chemin. » Les disciples lui disent : « Où trouverons-nous dans un désert assez de pain pour rassasier une telle foule ? » Jésus leur demanda : « Combien de pains avez-vous ? » Ils dirent : « Sept, et quelques petits poissons. »

Alors il ordonna à la foule de s'asseoir par terre. Il prit les sept pains et les poissons ; rendant grâce, il les rompit, et il les donnait aux disciples, et les disciples aux foules. Tous mangèrent et furent rassasiés. On ramassa les morceaux qui restaient : cela faisait sept corbeilles pleines.

Prière sur les offrandes

Accepte, Seigneur, les offrandes que nous t'apportons, en faisant mémoire de saint François Xavier : passionné pour le salut des hommes, il fut entraîné vers des terres lointaines ; puissions-nous, à notre tour, rendre à l'Évangile un témoignage efficace et nous hâter, avec nos frères, dans notre marche vers toi. Par le Christ, notre Seigneur. **— *Amen.***

1re préface de l'Avent, p. 233.

Antienne de la communion

Ce que je vous dis dans les ténèbres,
dites-le en pleine lumière ;
ce que vous entendez
au creux de l'oreille,
proclamez-le sur les toits.
(Mt 10, 27)

Prière après la communion

Que tes mystères, Seigneur Dieu, allument en nous cette ardente charité qui brûlait saint François Xavier pour le salut des âmes ; nous marcherons alors dans une plus grande fidélité à notre vocation, et nous pourrons obtenir avec lui le salaire promis aux bons ouvriers. Par le Christ, notre Seigneur. **— *Amen.***

INVITATION

Jésus multiplie les pains. Et si je prenais le temps de goûter et d'apprécier le pain de mon repas ?

COMMENTAIRE

À profusion Isaïe 25, 6-10a ; Matthieu 15, 29-37

Tous ont mangé et ont été rassasiés. On ne perd aucune miette de ce banquet fait de sept pains et quelques poissons. Celui en qui nous espérons est don à profusion et don pour la multitude, déjà là au cœur de nos vies. Il donne à manger un « festin de viandes succulentes », mais, surtout, il se donne lui-même. Saisi de compassion pour la foule, il vient essuyer les larmes de chaque visage. ■ *Colette Hamza, xavière*

✲ CLÉ DE LECTURE

« Un festin » Isaïe 25, 6 *(p. 23)*

Dans un monde où la vie reste précaire pour le peuple, l'image éblouissante de la victoire de Dieu sur le mal prend les traits d'un festin débordant des mets les plus riches et les plus précieux. Elle s'oppose aux images de tout ce qui est misère et malheur, le voile et le linceul qui couvrent des populations vouées à la mort. Ne nous en étonnons pas : la nourriture est bien ce qui assure et entretient toute vie, et la Bible reste toujours au plus près des nécessités premières. Au texte merveilleux d'Isaïe, l'évangile répond par le partage des pains pour la foule que Jésus prend en pitié : une nourriture dérisoire prend alors les traits d'une surabondance de vie partagée. N'est-ce pas aussi cela que nous célébrons et vivons dans le repas eucharistique ? ■

Roselyne Dupont-Roc, bibliste

JEUDI 4 DÉCEMBRE 2025

1re SEMAINE DE L'AVENT COULEUR LITURGIQUE : VIOLET

Temps de l'Avent, *messe de la férie*
ou **saint Jean de Damas**

Antienne d'ouverture

Toi, Seigneur, tu es proche, tout dans tes ordres est vérité.
Depuis longtemps je le sais :
tu as fondé pour toujours tes exigences.
(Ps 118, 151-152)

Prière

Réveille, Seigneur, ta puissance, et viens à notre secours avec grande force, afin que le salut retardé par nos fautes soit hâté par la grâce de ton pardon. Par Jésus… — ***Amen.***

Lecture

du livre du prophète Isaïe (26, 1-6)

« Elle entrera, la nation juste, qui se garde fidèle »

En ce jour-là, ce cantique sera chanté dans le pays de Juda : Nous avons une ville forte ! Le Seigneur a mis pour sauvegarde muraille et avant-mur. Ouvrez les portes ! Elle entrera, la nation juste, qui se garde fidèle. Immuable en ton dessein, tu préserves la paix, la paix de qui s'appuie sur toi. Prenez appui sur le Seigneur, à jamais, sur lui, le Seigneur, le Roc éternel. Il a rabaissé ceux qui siégeaient dans les hauteurs,

il a humilié la cité inaccessible, l'a humiliée jusqu'à terre, et lui a fait mordre la poussière. Elle sera foulée aux pieds, sous le pied des pauvres, les pas des faibles.
– Parole du Seigneur.

Psaume 117 (118)

℟ ***Béni soit au nom du Seigneur celui qui vient !***

OU

Alléluia !

Rendez grâce au Seigneur : Il est bon !
Éternel est son amour !
Mieux vaut s'appuyer sur le Seigneur
que de compter sur les hommes ! ℟

Ouvrez-moi les portes de justice :
j'entrerai, je rendrai grâce au Seigneur.
« C'est ici la porte du Seigneur :
qu'ils entrent, les justes ! » ℟

Je te rends grâce car tu m'as exaucé :
tu es pour moi le salut.
Donne, Seigneur, donne le salut !
Donne, Seigneur, donne la victoire ! ℟

Béni soit au nom du Seigneur
celui qui vient !
De la maison du Seigneur,
nous vous bénissons ! ℟

Acclamation de l'Évangile

Alléluia, Alléluia. Cherchez le Seigneur, tant qu'il se laisse trouver ; invoquez-le, tant qu'il est proche ! ***Alléluia.***

Évangile de Jésus Christ

selon saint Matthieu (7, 21.24-27)

« Pour entrer dans le royaume des Cieux, il faut faire la volonté de mon Père »

En ce temps-là, Jésus disait à ses disciples : « Ce n'est pas en me disant : "Seigneur, Seigneur !" qu'on entrera dans le royaume des Cieux, mais c'est en faisant la volonté de mon Père qui est aux cieux. Ainsi, celui qui entend les paroles que je dis là et les met en pratique est comparable à un homme prévoyant qui a construit sa maison sur le roc. La pluie est tombée, les torrents ont dévalé, les vents ont soufflé et se sont abattus sur cette maison ; la maison ne s'est pas écroulée, car elle était fondée sur le roc.

« Et celui qui entend de moi ces paroles sans les mettre en pratique est comparable à un homme insensé qui a construit sa maison sur le sable. La pluie est tombée, les torrents ont dévalé, les vents ont soufflé, ils sont venus battre cette maison ; la maison s'est écroulée, et son écroulement a été complet. »

Prière sur les offrandes

Nous t'offrons, Seigneur, ces dons prélevés sur les bienfaits reçus de toi : nous t'en prions, accueille-les ; puisse la célébration fervente, que tu nous donnes d'accomplir dans le temps présent, nous obtenir la rédemption éternelle. Par le Christ, notre Seigneur. — ***Amen.***

1re préface de l'Avent, p. 233.

Antienne de la communion

Vivons dans le temps présent
avec justice et piété,
attendant que se réalise
la bienheureuse espérance :
la manifestation de la gloire
de notre grand Dieu.
(Tt 2, 12-13)

Prière après la communion

Nous t'en prions, Seigneur, fais fructifier en nous les mystères que nous avons célébrés : tandis que nous marchons dans ce monde qui passe, tu nous enseignes par eux à aimer dès maintenant les biens du ciel, et à nous attacher à ceux qui demeurent. Par le Christ, notre Seigneur. — ***Amen.***

INVITATION

Sur quoi ma maison est-elle bâtie ? Je peux m'interroger
sur la manière dont, moi aussi, je mets en pratique la Parole que j'entends.

COMMENTAIRE

Le roc et les actes Isaïe 26, 1-6 ; Matthieu 7, 21.24-27

« Il ne suffit pas de me dire "Seigneur, Seigneur" » : voilà ce que nous dit Jésus. Les mots ne suffisent pas, ni les rituels, ni les miracles, ni les plus beaux commentaires de la Parole ! Si ma maison est construite sur du sable, elle s'effondrera. Attention aux châteaux de sable que vendent les illusionnistes du bonheur en nos sociétés d'abondance, d'immédiateté et de brillant. « Prenez appui sur le Seigneur, le roc éternel », et mettez en actes la Parole. ■

Colette Hamza, xavière

VENDREDI 5 DÉCEMBRE 2025

1RE SEMAINE DE L'AVENT COULEUR LITURGIQUE : VIOLET

Temps de l'Avent, *messe de la férie*

Antienne d'ouverture

Voici que le Seigneur viendra avec splendeur,
pour visiter son peuple dans la paix et lui donner la vie éternelle.

Prière

Réveille, Seigneur, ta puissance, et viens : afin que, sous ta protection, nous puissions être délivrés des dangers imminents où nous mettent nos péchés, et sauvés par toi, notre libérateur. Toi qui… — ***Amen.***

Lecture

du livre du prophète Isaïe (29, 17-24)

« En ce jour-là, les yeux des aveugles verront »

Ainsi parle le Seigneur Dieu : Ne le savez-vous pas ? Encore un peu, très peu de temps, et le Liban se changera en verger, et le verger sera pareil à une forêt. Les sourds, en ce jour-là, entendront les paroles du livre. Quant aux aveugles, sortant de l'obscurité et des ténèbres, leurs yeux verront. Les humbles se réjouiront de plus en plus dans le Seigneur, les malheureux exulteront en Dieu, le Saint d'Israël. Car ce sera la fin des tyrans, l'extermination des moqueurs, et seront supprimés tous ceux qui s'empressent à mal faire, ceux qui font condamner quelqu'un par leur témoignage, qui

faussent les débats du tribunal et sans raison font débouter l'innocent. C'est pourquoi le Seigneur, lui qui a libéré Abraham, parle ainsi à la maison de Jacob : « Désormais Jacob n'aura plus de honte, son visage ne pâlira plus ; car, quand il verra chez lui ses enfants, l'œuvre de mes mains, il sanctifiera mon nom, il sanctifiera le Dieu Saint de Jacob, il tremblera devant le Dieu d'Israël. Les esprits égarés découvriront l'intelligence, et les récalcitrants accepteront qu'on les instruise. » – Parole du Seigneur.

Psaume 26 (27)

℟ ***Le Seigneur est ma lumière et mon salut.***

Le Seigneur est ma lumière et mon salut ;
de qui aurais-je crainte ?
Le Seigneur est le rempart de ma vie ;
devant qui tremblerais-je ? ℟

J'ai demandé une chose au Seigneur,
la seule que je cherche :
habiter la maison du Seigneur
tous les jours de ma vie. ℟

J'en suis sûr, je verrai les bontés du Seigneur
sur la terre des vivants.
« Espère le Seigneur,
sois fort et prends courage ;
espère le Seigneur. » ℟

Acclamation de l'Évangile

Alléluia, Alléluia. Voici qu'il vient avec puissance, notre Seigneur, pour éclairer les yeux de ses serviteurs. ***Alléluia.***

Évangile de Jésus Christ

selon saint Matthieu (9, 27-31)

Croyant en Jésus, deux aveugles sont guéris

En ce temps-là, Jésus était en route; deux aveugles le suivirent, en criant : « Prends pitié de nous, fils de David ! » Quand il fut entré dans la maison, les aveugles s'approchèrent de lui, et Jésus leur dit : « Croyez-vous que je peux faire cela ? » Ils lui répondirent : « Oui, Seigneur. » Alors il leur toucha les yeux, en disant : « Que tout se passe pour vous selon votre foi ! »

Leurs yeux s'ouvrirent, et Jésus leur dit avec fermeté : « Attention ! que personne ne le sache ! » Mais, une fois sortis, ils parlèrent de lui dans toute la région.

Prière sur les offrandes

Laisse-toi fléchir, Seigneur, par nos offrandes et nos humbles prières; nous ne pouvons pas invoquer nos mérites, viens par ta grâce à notre secours. Par le Christ, notre Seigneur. — ***Amen.***

1re préface de l'Avent, p. 233.

Antienne de la communion

Nous attendons comme sauveur
le Seigneur Jésus Christ,
lui qui transformera
nos pauvres corps
à l'image de son corps glorieux.
(Ph 3, 20-21)

Prière après la communion

Comblés par cette nourriture spirituelle, nous te supplions, Seigneur : quand nous participons à ce mystère, apprends-nous à évaluer avec sagesse les réalités de ce monde et à nous attacher aux biens du ciel. Par le Christ, notre Seigneur. ***— Amen.***

INVITATION

Comme les deux aveugles qui suivent Jésus, j'ose aujourd'hui l'interpeller pour lui demander d'avoir pitié de moi. Je peux dire ma prière à voix haute ou l'écrire.

COMMENTAIRE

Vers la Lumière Isaïe 29, 17-24 ; Matthieu 9, 27-31

« Quant aux aveugles, sortant de l'obscurité et des ténèbres, leurs yeux verront. » prophétise Isaïe. Et voilà Jésus qui le réalise. Ils sont deux aveugles, l'un soutenant l'autre dans la marche et peut-être dans la foi. N'hésitons pas à nous appuyer sur nos frères et sœurs pour aller résolument vers la Lumière que nulle ténèbre ne peut arrêter. Il vient, celui qui nous guérit de tout aveuglement. ■

Colette Hamza*, xavière*

SAMEDI 6 DÉCEMBRE 2025

1RE SEMAINE DE L'AVENT COULEUR LITURGIQUE : VIOLET

Temps de l'Avent, *messe de la férie*
ou **saint Nicolas**, *voir p. 41*

Antienne d'ouverture

Viens, Seigneur, toi qui sièges au-dessus des Kéroubim ; montre-nous ton visage, et nous serons sauvés. (cf. Ps 79, 4.2)

Prière

Seigneur Dieu, tu as envoyé ton Fils unique dans ce monde pour libérer le genre humain de sa condition périssable ; à ceux qui t'appellent du fond du cœur, accorde généreusement la grâce de ta tendresse pour qu'ils parviennent à la vraie liberté. Par Jésus… ***— Amen.***

Lecture

du livre du prophète Isaïe (30, 19-21.23-26)

« Le Seigneur te fera grâce. Dès qu'il t'aura entendu, il te répondra »

Ainsi parle le Seigneur, le Dieu saint d'Israël : Peuple de Sion, toi qui habites Jérusalem, tu ne pleureras jamais plus. À l'appel de ton cri, le Seigneur te fera grâce. Dès qu'il t'aura entendu, il te répondra. Le Seigneur te donnera du pain dans la détresse et de l'eau dans l'épreuve. Celui qui t'instruit ne se dérobera plus et tes yeux le verront. Tes oreilles entendront derrière toi une parole : « Voici le chemin, prends-le ! », et cela, que tu ailles à droite ou à gauche. Le Seigneur te donnera la pluie pour la

semence que tu auras jetée en terre, et le pain que produira la terre sera riche et nourrissant. Ton bétail ira paître, ce jour-là, sur de vastes pâturages. Les bœufs et les ânes qui travaillent dans les champs mangeront un fourrage salé, étalé avec la pelle et la fourche. Sur toute haute montagne, sur toute colline élevée couleront des ruisseaux, au jour du grand massacre, quand tomberont les tours de défense. La lune brillera comme le soleil, le soleil brillera sept fois plus, – autant que sept jours de lumière – le jour où le Seigneur pansera les plaies de son peuple et guérira ses meurtrissures.
– Parole du Seigneur.

Psaume 146 (147A)

℟ ***Heureux tous ceux qui attendent le Seigneur !***
OU ***Alléluia !***

Il est bon de fêter notre Dieu,
il est beau de chanter sa louange !
Le Seigneur rebâtit Jérusalem,
il rassemble les déportés d'Israël. ℟

Il guérit les cœurs brisés
et soigne leurs blessures.
Il compte le nombre des étoiles,
il donne à chacune un nom. ℟

Il est grand, il est fort, notre Maître :
nul n'a mesuré son intelligence.
Le Seigneur élève les humbles
et rabaisse jusqu'à terre les impies. ℟

Acclamation de l'Évangile

Alléluia, Alléluia. Le Seigneur est notre juge, il nous donne des lois, le Seigneur est notre roi : c'est lui qui nous sauve. ***Alléluia.***

Évangile de Jésus Christ

selon saint Matthieu (9, 35 – 10, 1.5a.6-8)

« Voyant les foules, Jésus fut saisi de compassion »

En ce temps-là, Jésus parcourait toutes les villes et tous les villages, enseignant dans leurs synagogues, proclamant l'Évangile du Royaume et guérissant toute maladie et toute infirmité. Voyant les foules, Jésus fut saisi de compassion envers elles parce qu'elles étaient désemparées et abattues comme des brebis sans berger. Il dit alors à ses disciples : « La moisson est abondante, mais les ouvriers sont peu nombreux. Priez donc le maître de la moisson d'envoyer des ouvriers pour sa moisson. »

Alors Jésus appela ses douze disciples et leur donna le pouvoir d'expulser les esprits impurs et de guérir toute maladie et toute infirmité.

Ces douze, Jésus les envoya en mission avec les instructions suivantes : « Allez vers les brebis perdues de la maison d'Israël*. Sur votre route, proclamez que le royaume des Cieux est tout proche. Guérissez les malades, ressuscitez les morts, purifiez les lépreux, expulsez les démons. Vous avez reçu gratuitement : donnez gratuitement. »

Prière sur les offrandes

Nous t'en prions, Seigneur, accorde-nous de t'offrir toujours ce sacrifice d'un cœur généreux : qu'il réalise le mystère sacré que tu as institué, et opère en nous ton salut avec puissance. Par le Christ, notre Seigneur. **— *Amen.***

1re préface de l'Avent, p. 233.

Antienne de la communion

Voici que je viens sans tarder,
dit le Seigneur, et j'apporte avec moi
le salaire que je vais donner à chacun
selon ce qu'il a fait.
(Ap 22, 12)

Prière après la communion

Nous implorons, Seigneur, ta bonté : que ce réconfort divin nous délivre de nos penchants mauvais et nous prépare aux fêtes qui approchent. Par le Christ, notre Seigneur. **— *Amen.***

INVITATION

En ce jour de la Saint-Nicolas, je peux me remémorer un heureux souvenir de mon enfance, quand j'attendais Noël.

COMMENTAIRE

Notre mission, si nous décidons de l'accepter Matthieu 9, 35 – 10, 1.5a.6-8

Jésus, touché par le désarroi de tant de personnes, court de ville en village pour enseigner et guérir. Ses disciples sont appelés à la même compassion. Nous pouvons ajouter notre nom aux leurs et recevoir leur mission. Tant d'hommes et de femmes espèrent être guéris, relevés, rendus à une vie plus digne, libérés du mal sous toutes ses formes. Ce que nous avons reçu pour nous, donnons-le gratuitement. ■

Colette Hamza, xavière

✲ CLÉ DE LECTURE

« Les brebis perdues de la maison d'Israël » Matthieu 10, 5 *(p. 38)*

Une restriction inquiétante : Jésus serait-il venu annoncer la Bonne Nouvelle seulement à ses compatriotes juifs ? L'évangile de Matthieu reflète un débat aigu au sein des groupes chrétiens issus du judaïsme : fallait-il, comme certains, retenir des paroles de Jésus insistant sur l'urgence de la mission en terre d'Israël, celles qui sont citées ici ? Ou fallait-il, avec d'autres, se laisser conduire par l'esprit de Jésus et par la logique de sa vie allant toujours plus loin à la périphérie vers les exclus, et finalement vers les païens ? La question a agité les apôtres de Jérusalem. Pierre a tranché en baptisant le païen Corneille. Et l'évangile de Matthieu s'achève aussi sur cette perspective universaliste : « Allez enseigner toutes les nations ! » ■

Roselyne Dupont-Roc, bibliste

Saint Nicolas

Couleur liturgique : blanc

IVe siècle. La légende s'est emparée de la vie, mal connue, de cet évêque de Myre (Asie Mineure) et en a fait l'un des saints les plus populaires, le patron des enfants.

Antienne d'ouverture

Voici l'intendant fidèle et avisé
que le maître a établi sur sa maison,
pour donner à chacun, en temps
voulu, sa part de blé. (cf. Lc 12, 42)

Prière

Nous implorons ta miséricorde, Seigneur, et nous te supplions : à la prière de l'évêque saint Nicolas, garde-nous de tout danger, pour que le chemin du salut s'ouvre sans obstacle devant nous. Par Jésus… **— *Amen.***

Prière sur les offrandes

En cette fête de saint Nicolas, Seigneur, nous t'en prions, regarde avec bonté les offrandes que nous déposons sur l'autel qui t'est consacré ; en nous procurant ton pardon, qu'elles servent à la gloire de ton nom. Par le Christ, notre Seigneur. **— *Amen.***

1re préface de l'Avent, p. 233.

Antienne de la communion

Heureux ce serviteur que le maître,
quand il arrivera et frappera
à la porte, trouvera en train de veiller.
(cf. Lc 12, 36-37)

Prière après la communion

Déjà rénovés par ces mystères très saints, nous te supplions humblement, Seigneur : puissions-nous, en prenant exemple sur saint Nicolas, professer ce qu'il a cru et pratiquer ce qu'il a enseigné. Par le Christ, notre Seigneur.
— *Amen.*

DIMANCHE 7 DÉCEMBRE 2025

2E DIMANCHE DE L'AVENT

ANNÉE A – COULEUR LITURGIQUE : VIOLET

© Gaëtan Évrard

Préparez le chemin du Seigneur ! Les paroles du prophète Jean Baptiste nous invitent à nous convertir, à laisser de côté nos chemins tortueux d'orgueil et d'injustice. Car Jésus nous ouvre un avenir. Aux jours d'incertitude, il nous donne son esprit de conseil et de force. Dans l'épreuve, il nous apporte le réconfort. Avec Jean Baptiste, accueillons la vie de celui qui vient.

RITES INITIAUX

Chant d'entrée *(Suggestions p. 254)*

OU

Antienne d'ouverture

Peuple de Sion, voici que le Seigneur va venir
pour sauver les nations. Il fera entendre sa voix majestueuse
pour la joie de vos cœurs. (cf. Is 30, 19.30)

Suggestion de préparation pénitentielle *(ou p. 226)*

Convertissez-vous ! Préparez les chemins du Seigneur. Avec confiance, présentons nos sentiers tortueux au Seigneur et reconnaissons que nous sommes pécheurs.

Seigneur Jésus, toi qui nous promets le royaume des Cieux, tu nous invites à la conversion. Béni sois-tu et prends pitié de nous.
— Béni sois-tu et prends pitié de nous.

Ô Christ, toi qui rends droits les sentiers, tu nous appelles à préparer les chemins de la Bonne Nouvelle. Béni sois-tu et prends pitié de nous. ***— Béni sois-tu et prends pitié de nous.***

Seigneur, toi qui gouvernes ton peuple avec justice, tu nous demandes de nous accueillir les uns les autres. Béni sois-tu et prends pitié de nous. ***— Béni sois-tu et prends pitié de nous.***

Que Dieu tout-puissant nous fasse miséricorde ; qu'il nous pardonne nos péchés et nous conduise à la vie éternelle. ***— Amen.***

Pendant l'Avent, on omet le Gloire à Dieu.

Prière

Dieu de puissance et de miséricorde, ne laisse pas le souci de nos tâches présentes entraver la marche de ceux qui se hâtent à la rencontre de ton Fils ; mais forme-nous à la sagesse d'en-haut, qui nous fait entrer en communion avec lui. Lui qui… **— *Amen.***

LITURGIE DE LA PAROLE

Lecture du livre du prophète Isaïe (11, 1-10)

« Il jugera les petits avec justice »

En ce jour-là, un rameau sortira de la souche de Jessé, père de David, un rejeton jaillira de ses racines. Sur lui reposera l'esprit du Seigneur : esprit de sagesse et de discernement, esprit de conseil et de force, esprit de connaissance et de crainte du Seigneur – qui lui inspirera la crainte du Seigneur. Il ne jugera pas sur l'apparence ; il ne se prononcera pas sur des rumeurs. Il jugera les petits avec justice ; avec droiture, il se prononcera en faveur des humbles du pays. Du bâton de sa parole, il frappera le pays ; du souffle de ses lèvres, il fera mourir le méchant. La justice est la ceinture de ses hanches ; la fidélité est la ceinture de ses reins. Le loup habitera avec l'agneau, le léopard se couchera près du chevreau, le veau et le lionceau seront nourris ensemble, un petit garçon les conduira.

La vache et l'ourse auront même pâture, leurs petits auront même gîte. Le lion, comme le bœuf, mangera du fourrage. Le nourrisson s'amusera sur le nid du cobra; sur le trou de la vipère, l'enfant étendra la main. Il n'y aura plus de mal ni de corruption sur toute ma montagne sainte; car la connaissance du Seigneur remplira le pays comme les eaux recouvrent le fond de la mer. Ce jour-là, la racine de Jessé sera dressée comme un étendard pour les peuples, les nations la chercheront, et la gloire sera sa demeure. – Parole du Seigneur.

Psaume 71 (72)

℟ ***En ces jours-là fleurira la justice,***
grande paix jusqu'à la fin des temps.

T. : AELF; M. : J.-P. Lécot; Éd. : ADF.

℟ ***En ces jours-là fleurira la justice,***
grande paix jusqu'à la fin des temps.

Dieu, donne au roi tes pouvoirs,
à ce fils de roi ta justice.
Qu'il gouverne ton peuple avec justice,
qu'il fasse droit aux malheureux ! ℟

En ces jours-là, fleurira la justice,
grande paix jusqu'à la fin des lunes !
Qu'il domine de la mer à la mer,
et du Fleuve jusqu'au bout de la terre ! ℟

Il délivrera le pauvre qui appelle
et le malheureux sans recours.
Il aura souci du faible et du pauvre,
du pauvre dont il sauve la vie. ℟

Que son nom dure toujours ;
sous le soleil, que subsiste son nom !
En lui, que soient bénies toutes les familles de la terre ;
que tous les pays le disent bienheureux ! ℟

Écoutez ce psaume sur **www.prionseneglise.fr/messe-du-dimanche**

Lecture de la lettre de saint Paul apôtre aux Romains (15, 4-9)

Le Christ sauve tous les hommes

Frères, tout ce qui a été écrit à l'avance dans les livres saints l'a été pour nous instruire, afin que, grâce à la persévérance et au réconfort des Écritures, nous ayons l'espérance. Que le Dieu de la persévérance et du réconfort vous donne d'être d'accord les uns avec les autres selon le Christ Jésus. Ainsi, d'un même cœur, d'une seule voix, vous rendrez gloire à Dieu, le Père de notre Seigneur Jésus Christ.

Accueillez-vous donc les uns les autres, comme le Christ vous a accueillis pour la gloire de Dieu. Car je vous le déclare : le Christ s'est fait le serviteur des Juifs, en raison de la fidélité de Dieu, pour réaliser les promesses faites à nos pères ; quant aux nations, c'est en raison de sa miséricorde qu'elles rendent gloire à Dieu, comme le dit l'Écriture : *C'est pourquoi je proclamerai ta louange parmi les nations, je chanterai ton nom.*

– Parole du Seigneur.

Acclamation de l'Évangile

Alléluia. Alléluia. Préparez le chemin du Seigneur, rendez droits ses sentiers : tout être vivant verra le salut de Dieu. ***Alléluia.***

T. : AELF; M. : P. Robert.

Évangile de Jésus Christ selon saint Matthieu (3, 1-12)

« Convertissez-vous, car le royaume des Cieux est tout proche »

En ces jours-là, paraît Jean le Baptiste, qui proclame dans le désert de Judée : « Convertissez-vous, car le royaume des Cieux est tout proche. » Jean est celui que désignait la parole prononcée par le prophète Isaïe : *Voix de celui qui crie dans le désert : Préparez le chemin du Seigneur, rendez droits ses sentiers.*

Lui, Jean, portait un vêtement de poils de chameau, et une ceinture de cuir autour des reins ; il avait pour nourriture des

sauterelles et du miel sauvage. Alors Jérusalem, toute la Judée et toute la région du Jourdain se rendaient auprès de lui, et ils étaient baptisés par lui dans le Jourdain en reconnaissant leurs péchés. Voyant beaucoup de pharisiens et de sadducéens se présenter à son baptême, il leur dit : « Engeance de vipères ! Qui vous a appris à fuir la colère qui vient ? Produisez donc un fruit digne de la conversion. N'allez pas dire en vous-mêmes : "Nous avons Abraham pour père" ; car, je vous le dis : des pierres que voici, Dieu peut faire surgir des enfants à Abraham. Déjà la cognée se trouve à la racine des arbres : tout arbre qui ne produit pas de bons fruits va être coupé et jeté au feu.
« Moi, je vous baptise dans l'eau, en vue de la conversion. Mais celui qui vient derrière moi est plus fort que moi, et je ne suis pas digne de lui retirer ses sandales. Lui vous baptisera dans l'Esprit Saint et le feu. Il tient dans sa main la pelle à vanner, il va nettoyer son aire à battre le blé, et il amassera son grain dans le grenier ; quant à la paille, il la brûlera au feu qui ne s'éteint pas. »

Homélie

Profession de foi (p. 229)

Suggestion de prière universelle

Le prêtre :

La lettre aux Romains nous l'assure, notre Père céleste nous apporte réconfort et persévérance. Sans nous lasser, tournons-nous vers lui et prions-le pour les intentions de l'Église et du monde.

℟ ***Dans ta miséricorde, Seigneur, écoute-nous.***

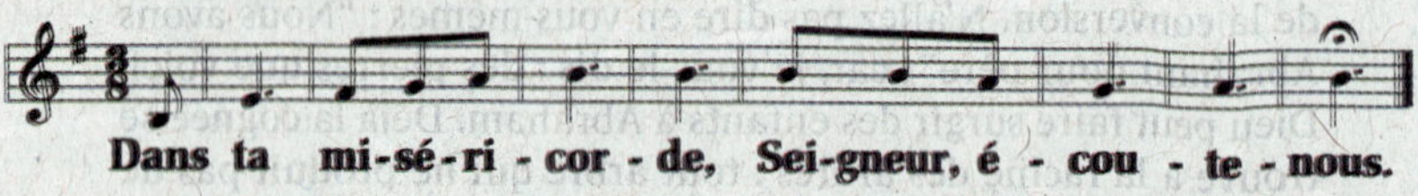

Éd. de l'Emmanuel; M. : J.-M. Morin.

Le diacre ou un lecteur :

Béni sois-tu, toi notre Père, pour les chrétiens qui préparent les chemins du Christ à travers l'annonce de la parole de Dieu. Donne-leur la persévérance et le réconfort dont ils ont besoin pour mener à bien leur mission. Ensemble, prions. ℟

Béni sois-tu, toi notre Père, pour les responsables politiques, appelés à gouverner avec équité et justice. Donne-leur d'œuvrer en faveur de la paix, dans le souci des plus faibles et des plus malheureux. Ensemble, prions. ℟

Béni sois-tu, toi notre Père, pour les chrétiens qui préparent les chemins du Christ en réconfortant les laissés-pour-compte de la société. Donne à tous les hommes d'inventer des chemins de solidarité pour ceux qui souffrent. Ensemble, prions. ℟

Béni sois-tu, toi notre Père, pour notre assemblée, appelée à préparer les chemins du Christ. Donne-nous de nous accueillir les uns les autres comme le Christ accueille chacun de nous. Ensemble, prions. ℟

(Ces intentions seront adaptées ou modifiées selon les circonstances. On peut aussi s'inspirer de l'intention universelle du Saint-Père, p. 6.)

Le prêtre :

Dieu notre Père, toi qui viens au secours de nos prières, daigne les exaucer, par le Christ, notre Seigneur. **— *Amen.***

LITURGIE EUCHARISTIQUE

Prière sur les offrandes

Laisse-toi fléchir, Seigneur, par nos offrandes et nos humbles prières ; nous ne pouvons pas invoquer nos mérites, viens par ta grâce à notre secours. Par le Christ, notre Seigneur. **— *Amen.***

Prière eucharistique

(1re préface de l'Avent, p. 233)

Chant de communion (Suggestions p. 254)

OU

Antienne de la communion

Debout, Jérusalem ! tiens-toi sur la hauteur,
et vois l'allégresse qui te vient de ton Dieu. (Ba 5, 5 ; 4, 36)

Prière après la communion

Comblés par cette nourriture spirituelle, nous te supplions, Seigneur : quand nous participons à ce mystère, apprends-nous à évaluer avec sagesse les réalités de ce monde et à nous attacher aux biens du ciel. Par le Christ, notre Seigneur. – ***Amen.***

RITE DE CONCLUSION

Bénédiction solennelle

Vous croyez que le Fils unique de Dieu est déjà venu, et vous attendez qu'il vienne de nouveau ; à la clarté de son avènement, que Dieu tout-puissant, dans sa miséricorde, vous sanctifie et vous comble de sa bénédiction. – ***Amen.***

Dans le combat de cette vie, qu'il rende ferme votre foi, joyeuse, votre espérance, efficace, votre charité. – ***Amen.***

La venue prochaine de notre Rédempteur selon la chair vous procure déjà une joie spirituelle ; lors de son avènement dans la gloire, qu'il vous donne la récompense de la vie éternelle. – ***Amen.***

Et que la bénédiction de Dieu tout-puissant, le Père, et le Fils, + et le Saint-Esprit, descende sur vous et y demeure toujours. – ***Amen.***

Envoi

COMMENTAIRE DU DIMANCHE

Marie-Caroline Bustarret, théologienne,
enseignante aux facultés Loyola Paris

Tous appelés à la conversion

Pourquoi Jean le Baptiste s'en prend-il avec une telle véhémence aux pharisiens et aux sadducéens, alors même que ces derniers font l'effort de se rendre auprès de lui pour recevoir son baptême ? Pourquoi une telle sévérité envers des hommes qui se plient comme tout le monde au rituel de repentance proposé ? Jean leur reproche leur hypocrisie et leur orgueil. L'hypocrisie, car ils convoitent les bonnes grâces de Dieu sans vouloir changer leur cœur. Ils aspirent aux « bénéfices » de la conversion sans la conversion !

Plus loin dans le même évangile, Jésus fait le même reproche aux pharisiens dont la piété n'est que « des lèvres » : « Ce peuple m'honore des lèvres, mais son cœur est loin de moi » (Mt 15, 8). Et pour aggraver leur cas, les pharisiens et les sadducéens doublent •••

••• leur hypocrisie d'orgueil : ils pensent que leur appartenance au peuple d'Israël, détenteur de la promesse de Dieu, leur vaut automatiquement le pardon. Comme si le don de l'amour de Dieu était tributaire du groupe dont nous faisons partie.
Ainsi Jean le Baptiste rappelle-t-il deux choses valables pour nous aujourd'hui. Premièrement, Dieu n'a que faire des frontières que nous établissons, son peuple (ou son Église) est constitué de celles et ceux dont le cœur est près de lui. Deuxièmement, notre salut ne se fait pas sans nous : il nous est demandé d'agir en conformité à l'amour qui nous est donné.

Quels gestes pourrais-je poser cette semaine pour transmettre l'amour de Dieu ?
Quelle conversion ai-je à vivre en ce moment ? ■

Prions en Église
Junior

LIRE L'ÉVANGILE AVEC LES ENFANTS

CE QUE JE DÉCOUVRE

Quand tu invites tes amis à la maison, tu prépares tout pour leur venue : tu ranges ta chambre, tu prépares un bon goûter... **Les paroles de Jean Baptiste nous aident à nous préparer pour Noël.** Jean est le cousin de Jésus, c'est un prophète. Il vit dans le désert où rien ne pousse. **Jean annonce que notre cœur ne doit pas rester aride et sec comme un désert.** Il annonce la venue de Jésus. Pour l'accueillir, il incite les gens à changer de vie, à avoir un cœur bon et juste.

CE QUE JE VIS

Que fais-tu quand tu dois patienter, attendre quelque chose ou quelqu'un ? Que dois-tu changer en toi pour mieux accueillir Jésus ? **Prie avec les mots de « l'acte pénitentiel »** ***(voir p. 226).***

Texte : Cédric Kuntz. Illustrations : Marcelino Truong

MÉDITATION BIBLIQUE
2E DIMANCHE DE L'AVENT
Évangile selon saint Matthieu 3, 1-12

Désert et conversion

L'Avent nous recentre sur la préparation nécessaire à la venue du Seigneur : sa venue dans la chair que nous nous apprêtons à célébrer, sa venue dans l'aujourd'hui de nos vies, sa venue à la fin des temps. Une préparation qui a pour nom la conversion.

Le temps de la préparation

« Dieu, fais-nous revenir. » (Ps 79, 4)

Le temps de l'observation

Jean le Baptiste, figure emblématique de la prophétie, ne ménage pas ses contemporains. Il ne cherche pas à leur plaire mais à les « réveiller », à les sortir de cette fausse assurance que donne le fait d'être fils d'Abraham, d'appartenir à une communauté religieuse millénaire. Il les appelle à la conversion, c'est-à-dire à se retourner vers Dieu et à rompre avec des attitudes intérieures et des comportements non ajustés à la Torah, qui les éloignent du Seigneur et de leur vocation profonde. Celle-ci ne prône-t-elle pas le respect de Dieu et du prochain, premier et dernier mots du Décalogue dans sa version hébraïque (cf. Ex 20, 2-17) ? Ce qui suppose de ne pas empiéter sur la place et les droits de l'Un et de l'autre et oriente vers la prière fervente, la quête de la voie à suivre, la justice sociale, la prise en compte de la réalité d'autrui. Pour se faire entendre et pratiquer ce rite de purification qu'est le baptême, Jean a choisi le désert, dans lequel lui-même avait établi sa demeure.

Le temps de la méditation

Pourquoi le désert ? Parce que c'est un lieu de vérité où les faux-semblants tombent, où l'on apprend à se connaître, où les distractions se raréfient, laissant la place aux questions fondamentales. C'est le lieu par excellence de l'écoute, où la Parole peut se déployer : « Mon épouse infidèle (Israël) […], je vais l'entraîner jusqu'au désert et je lui parlerai cœur à cœur. […] Là, elle me répondra comme au temps de sa jeunesse » (Os 2, 16-17). Or le désert ne relève pas tant de la géographie que d'une disposition intérieure, qui consiste à ne pas s'étourdir de paroles, d'activités, de relations, à ne pas s'encombrer d'une recherche incessante du « toujours plus », à faire face à ce qui nous habite de lumineux comme de plus sombre, à ne pas considérer l'autre en fonction de notre intérêt. Seuls l'Esprit et la perspective du cœur-à-cœur peuvent nous donner la force de changer quelque chose dans notre existence, de manière ajustée tant à ce que nous sommes qu'à la Bonne Nouvelle du salut.

Le temps de la prière

« Que ton visage s'éclaire et nous serons sauvés. » (Ps 79, 4) ■

Emmanuelle Billoteau, ermite

PARTAGE BIBLIQUE

Environ 45 minutes

Une bible ou Prions en Église, *pages 44-45*

« IL JUGERA LES PETITS AVEC JUSTICE » (IS 11, 1-10)

Lire

La paix est-elle possible ? Lisons cette prophétie d'Isaïe.

Comprendre le texte

Le rameau qui sortira de la souche de Jessé est un roi de la dynastie de David. Il accomplira parfaitement sa fonction royale, qui se caractérise ici par l'administration de la justice où il montrera sa clairvoyance, son impartialité, son souci des humbles et la mise au pas des méchants. En cela, il se différencie des rois qui ont conduit Israël au désastre de l'Exil. Car il recevra le don de l'Esprit du Seigneur : l'esprit de sagesse et de discernement pour prendre les bonnes décisions, l'esprit de conseil et de force pour être ferme dans la conduite de ses projets, l'esprit de connaissance et de crainte du Seigneur pour être un roi selon le cœur de Dieu. L'absence de violence et d'oppression des faibles par les forts s'exprime par les images du monde animal réconcilié, comme on le trouve dans les fables de La Fontaine. Ce portrait de roi de l'avenir a été appliqué au Messie à l'époque qui a suivi l'Exil. C'est aussi à cette époque qu'est née l'idée du rassemblement des peuples autour de Jérusalem, comme le rappelle la finale du texte.

Partager

- Être en paix avec soi-même, est-ce difficile ?
- Sur quels points devrais-je être attentif pour que la paix règne autour de moi ?
- Comment est-ce que je comprends la salutation liturgique : « La paix soit avec vous » ?
- Quelles qualités humaines devrais-je développer pour être un artisan de paix ?

Prier

En cette fin d'année, nous entrecoupons notre prière pour le monde par le refrain « La paix, oui, la paix, c'est le don de Jésus ». ■

Sylvain Gasser,
prêtre assomptionniste

LUNDI 8 DÉCEMBRE 2025

COULEUR LITURGIQUE : BLANC

Immaculée Conception de la bienheureuse Vierge Marie

Antienne d'ouverture

Je tressaille de joie dans le Seigneur, mon âme exulte en mon Dieu. Car il m'a vêtue des vêtements du salut, il m'a couverte du manteau de la justice, comme la fiancée que parent ses joyaux. (cf. Is 61, 10)

Gloire à Dieu *(p. 228)*

Prière

Seigneur Dieu, tu as préparé à ton Fils une demeure digne de lui par la conception immaculée de la Vierge, que tu as préservée de tout péché par une grâce venant déjà de la mort de ton Fils ; à son intercession, accorde-nous d'être purs, nous aussi, et de parvenir jusqu'à toi. Par Jésus… — ***Amen.***

Lectures propres à la solennité de l'Immaculée Conception.

Lecture

du livre de la Genèse (3, 9-15.20)

« Je mettrai une hostilité entre ta descendance et la descendance de la femme »

Quand Adam eut mangé du fruit de l'arbre, le Seigneur Dieu l'appela et lui dit : « Où es-tu donc ? » Il répondit : « J'ai entendu ta voix dans le jardin, j'ai pris peur parce que je suis nu, et je me suis caché. »

Le Seigneur reprit : « Qui donc t'a dit que tu étais nu ? Aurais-tu mangé de l'arbre dont je t'avais interdit de manger ? » L'homme répondit : « La femme que tu m'as donnée, c'est elle qui m'a donné du fruit de l'arbre, et j'en ai mangé. » Le Seigneur Dieu dit à la femme : « Qu'as-tu fait là ? » La femme répondit : « Le serpent m'a trompée, et j'ai mangé. » Alors le Seigneur Dieu dit au serpent : « Parce que tu as fait cela, tu seras maudit parmi tous les animaux et toutes les bêtes des champs. Tu ramperas sur le ventre et tu mangeras de la poussière tous les jours de ta vie. Je mettrai une hostilité entre toi et la femme, entre ta descendance et sa descendance : celle-ci te meurtrira la tête, et toi, tu lui meurtriras le talon. » L'homme appela sa femme Ève (c'est-à-dire : la vivante), parce qu'elle fut la mère de tous les vivants.

– Parole du Seigneur.

Psaume 97 (98)

℟ *Chantez au Seigneur un chant nouveau, car il a fait des merveilles.*

Chantez au Seigneur un chant nouveau,
car il a fait des merveilles ;
par son bras très saint,
par sa main puissante,
il s'est assuré la victoire. ℟

Le Seigneur a fait connaître sa victoire,
et révélé sa justice aux nations ;
il s'est rappelé sa fidélité,
son amour,
en faveur de la maison d'Israël. ℟

La terre tout entière a vu
la victoire de notre Dieu.
Acclamez le Seigneur, terre entière,
sonnez, chantez, jouez ! ℟

Lecture

de la lettre de saint Paul apôtre aux Éphésiens (1, 3-6.11-12)

« Dieu nous a choisis, dans le Christ, avant la fondation du monde »

Béni soit Dieu, le Père de notre Seigneur Jésus Christ ! Il nous a bénis et comblés des bénédictions de l'Esprit, au ciel, dans le Christ. Il nous a choisis, dans le Christ, avant la fondation du monde, pour que nous soyons saints, immaculés devant lui, dans l'amour. Il nous a prédestinés* à être, pour lui, des fils adoptifs par Jésus, le Christ. Ainsi l'a voulu sa bonté, à la louange de gloire de sa grâce, la grâce qu'il nous donne dans le Fils bien-aimé. En lui, nous sommes devenus le domaine particulier de Dieu, nous y avons été prédestinés selon le projet de celui qui réalise tout ce qu'il a décidé : il a voulu que nous vivions à la louange de sa gloire, nous qui avons d'avance espéré dans le Christ. – Parole du Seigneur.

Acclamation de l'Évangile

Alléluia. Alléluia. Je te salue, Marie, Comblée-de-grâce : le Seigneur est avec toi, tu es bénie entre les femmes. ***Alléluia.***

Évangile de Jésus Christ

selon saint Luc (1, 26-38)

« Je te salue, Comblée-de-grâce, le Seigneur est avec toi »

En ce temps-là, l'ange Gabriel fut envoyé par Dieu dans une ville de Galilée, appelée Nazareth, à une jeune fille vierge, accordée en mariage à un homme de la maison de David, appelé Joseph ; et le nom de la jeune fille était Marie. L'ange entra chez elle et dit : « Je te salue, Comblée-de-grâce, le Seigneur est avec toi. » À cette parole, elle fut toute bouleversée, et elle se demandait ce que pouvait signifier cette salutation. L'ange lui dit alors : « Sois sans crainte, Marie, car tu as trouvé grâce auprès de Dieu. Voici que tu vas concevoir et enfanter un fils ; tu lui donneras le nom de Jésus. Il sera grand, il sera appelé Fils du Très-Haut ; le Seigneur Dieu lui donnera le trône de David son père ; il régnera pour toujours sur la maison de Jacob, et son règne n'aura pas de fin. » Marie dit à l'ange : « Comment cela va-t-il se faire, puisque je ne connais pas d'homme ? » L'ange lui répondit : « L'Esprit Saint viendra sur toi, et la puissance du Très-Haut te prendra sous son ombre ; c'est pourquoi celui qui va naître sera saint, il sera appelé Fils de Dieu. Or voici que, dans sa vieillesse, Élisabeth, ta parente, a conçu, elle aussi, un fils et en est à son sixième mois, alors qu'on l'appelait la femme stérile. Car rien n'est impossible à Dieu. » Marie dit alors : « Voici la servante du Seigneur ; que tout m'advienne selon ta parole. » Alors l'ange la quitta.

Profession de foi (p. 229)

Prière sur les offrandes

Accueille avec bienveillance, Seigneur, le sacrifice du salut que nous t'offrons en fêtant la conception immaculée de la bienheureuse Vierge Marie ; puisque nous reconnaissons que la prévenance de ta grâce l'a gardée pure de tout péché, accorde-nous, à son intercession, d'être libérés de toute faute. Par le Christ, notre Seigneur. — ***Amen.***

Prière eucharistique

(Préface de l'Immaculée Conception)

Vraiment, il est juste et bon, pour ta gloire et notre salut, de t'offrir notre action de grâce, toujours et en tout lieu, Seigneur, Père très saint, Dieu éternel et tout-puissant. Car tu as préservé la bienheureuse Vierge Marie de toute souillure du péché originel, tu l'as comblée de ta grâce en plénitude pour préparer en elle une mère vraiment digne de ton Fils et manifester l'origine de l'Église, l'Épouse sans tache ni ride, resplendissante de beauté. Cette vierge très pure devait nous donner le Fils, l'Agneau innocent qui effacerait nos fautes. Pour ton peuple, tu la disposais à être, parmi toutes les femmes, l'avocate de la grâce et le modèle de la sainteté. C'est pourquoi, unissant nos voix à celles des anges, nous te louons dans la joie en proclamant : ***Saint ! Saint ! Saint…***

Antienne de la communion

Pour ta gloire, on parle de toi, Marie :
par toi s'est levé le soleil de justice,
le Christ, notre Dieu.

(cf. Ps 86, 3)

Prière après la communion

Que notre participation à ces sacrements, Seigneur notre Dieu, guérisse en nous les blessures de la faute originelle dont tu as préservé de manière unique la bienheureuse Marie en sa conception immaculée. Par le Christ, notre Seigneur. — ***Amen.***

INVITATION

En cette solennité de l'Immaculée Conception,
je pose une bougie allumée sur le rebord de ma fenêtre.

COMMENTAIRE

Dans notre histoire — Luc 1, 26-38

« Je te salue, Comblée-de-grâce, le Seigneur est avec toi. » Cette parole d'ange adressée à Marie est aussi une parole de Dieu adressée à chacun d'entre nous. Aujourd'hui comme hier, le Seigneur entre dans notre histoire. Dans l'écoute et le silence d'un cœur-à-cœur, une parole surgit : Dieu se manifeste, entame un dialogue et nous comble de sa bénédiction ! ■

***Bertrand Lesoing**, prêtre de la communauté Saint-Martin*

✲ CLÉ DE LECTURE

« Prédestinés » — Éphésiens 1, 5 *(p. 62)*

(p. 62)

La grande bénédiction du premier chapitre de la lettre aux Éphésiens retrace toute l'histoire du salut. Elle la lit comme une immense prédestination des êtres humains à entrer dans la gloire de Dieu, le verbe « prédestiner », *« pro-horizô »*, signifiant « viser d'avance un horizon ». Mais, entre le début et la fin du texte, le « nous » des prédestinés a changé. D'un petit groupe appelé à croire en Jésus Christ (ceux-là viennent d'abord, comme Jésus, du judaïsme), il passe ensuite aux païens convertis et réalise dans le « nous » final l'alliance de tous les peuples. Ainsi s'accomplit la promesse de la création première : Adam et Ève, figure de l'humanité créée et voulue par Dieu, prédestinée à la gloire, trouvent dans le Christ la figure définitive d'une humanité réconciliée et transfigurée. ■

***Roselyne Dupont-Roc**, bibliste*

MARDI 9 DÉCEMBRE 2025

2E SEMAINE DE L'AVENT COULEUR LITURGIQUE : VIOLET

Temps de l'Avent, *messe de la férie*
ou **saint Juan Diego Cuauhtlatoatzin**

Antienne d'ouverture

Voici que le Seigneur viendra, et tous les saints avec lui ;
on verra, ce jour-là, une grande lumière. (cf. Za 14, 5.7)

Prière

Seigneur Dieu, tu as manifesté jusqu'aux extrémités de la terre celui qui apporte ton salut ; nous t'en prions, accorde-nous d'attendre dans la joie le jour glorieux de sa naissance. Lui qui… ***— Amen.***

Lecture

du livre du prophète Isaïe (40, 1-11)

Dieu console son peuple

Consolez, consolez mon peuple, – dit votre Dieu – parlez au cœur de Jérusalem. Proclamez que son service est accompli, que son crime est expié, qu'elle a reçu de la main du Seigneur le double pour toutes ses fautes. Une voix proclame : « Dans le désert, préparez le chemin du Seigneur ; tracez droit, dans les terres arides, une route pour notre Dieu. Que tout ravin soit comblé, toute montagne et toute colline abaissées ! que les escarpements se changent en plaine, et les sommets, en large vallée ! Alors se révélera la gloire du Seigneur, et tout être de chair verra que la bouche du Seigneur

a parlé. » Une voix dit : « Proclame ! » Et je dis : « Que vais-je proclamer ? » Toute chair est comme l'herbe, toute sa grâce, comme la fleur des champs : l'herbe se dessèche et la fleur se fane quand passe sur elle le souffle du Seigneur. Oui, le peuple est comme l'herbe : l'herbe se dessèche et la fleur se fane, mais la parole de notre Dieu demeure pour toujours.
Monte sur une haute montagne, toi qui portes la bonne nouvelle à Sion. Élève la voix avec force, toi qui portes la bonne nouvelle à Jérusalem. Élève la voix, ne crains pas. Dis aux villes de Juda : « Voici votre Dieu ! » Voici le Seigneur Dieu ! Il vient avec puissance ; son bras lui soumet tout. Voici le fruit de son travail avec lui, et devant lui, son ouvrage. Comme un berger, il fait paître son troupeau : son bras rassemble les agneaux, il les porte sur son cœur, il mène les brebis qui allaitent. – Parole du Seigneur.

Psaume 95 (96)

℟ ***Voici le Seigneur Dieu ! Il vient avec puissance.***

Chantez au Seigneur un chant nouveau,
chantez au Seigneur, terre entière,
chantez au Seigneur et bénissez son nom ! ℟

Racontez à tous les peuples sa gloire,
allez dire aux nations : « Le Seigneur est roi ! »
Il gouverne les peuples avec droiture. ℟

Joie au ciel ! Exulte la terre !
Les masses de la mer mugissent,
la campagne tout entière est en fête. ℟

Les arbres des forêts dansent de joie
devant la face du Seigneur, car il vient,
car il vient pour juger la terre. ℟

Acclamation de l'Évangile

Alléluia, Alléluia. Il est proche, le jour du Seigneur ; le voici qui vient nous sauver. ***Alléluia.***

Évangile de Jésus Christ

selon saint Matthieu (18, 12-14)

« Dieu ne veut pas qu'un seul de ces petits soit perdu »

En ce temps-là, Jésus disait à ses disciples : « Quel est votre avis ? Si un homme possède cent brebis et que l'une d'entre elles s'égare, ne va-t-il pas laisser les 99 autres dans la montagne pour partir à la recherche de la brebis égarée ? Et, s'il arrive à la retrouver, amen, je vous le dis : il se réjouit pour elle plus que pour les 99 qui ne se sont pas égarées. Ainsi, votre Père qui est aux cieux ne veut pas qu'un seul de ces petits soit perdu. »

Prière sur les offrandes

Laisse-toi fléchir, Seigneur, par nos offrandes et nos humbles prières ; nous ne pouvons pas invoquer nos mérites, viens par ta grâce à notre secours. Par le Christ, notre Seigneur. — ***Amen.***

1re préface de l'Avent, p. 233.

Antienne de la communion

Le Seigneur, le juste juge,
remettra la couronne
de justice à tous ceux
qui désirent avec amour
sa Manifestation glorieuse.
(cf. 2 Tm 4, 8)

Prière après la communion

Comblés par cette nourriture spirituelle, nous te supplions, Seigneur : quand nous participons à ce mystère, apprends-nous à évaluer avec sagesse les réalités de ce monde et à nous attacher aux biens du ciel. Par le Christ, notre Seigneur.

— Amen.

INVITATION

Sur le chemin qui nous conduit à Noël, je prie aujourd'hui pour les parents qui attendent un heureux événement.

COMMENTAIRE

Illogique ? Matthieu 18, 12-14

Un homme qui possède cent brebis va-t-il vraiment abandonner les quatre-vingt-dix-neuf autres pour aller chercher celle qui s'est égarée ? Ne devrait-il pas l'abandonner à son triste sort pour mieux veiller sur le reste du troupeau ? Mais cette logique, tout humaine et raisonnable, n'est pas la logique de Dieu : à ses yeux, chacun est unique, chacun a une valeur et un prix infinis. ■

***Bertrand Lesoing**, prêtre de la communauté Saint-Martin*

MERCREDI 10 DÉCEMBRE 2025

2e SEMAINE DE L'AVENT COULEUR LITURGIQUE : VIOLET

Temps de l'Avent, *messe de la férie*
ou **bienheureuse Vierge Marie de Lorette,** *voir p. 74*

Antienne d'ouverture

Le Seigneur va venir sans tarder éclairer ce que voilent nos ténèbres et se manifester à toutes les nations.
(cf. Ha 2, 3 ; 1 Co 4, 5)

Prière

Dieu tout-puissant, tu nous demandes de préparer le chemin du Christ, le Seigneur ; dans ta bonté, ne permets pas que la faiblesse nous accable, nous qui attendons d'être réconfortés par la présence du médecin qui vient du ciel. Lui qui… ***— Amen.***

Lecture

du livre du prophète Isaïe (40, 25-31)

Le Seigneur de l'univers « rend des forces à l'homme fatigué »

À qui pourriez-vous me comparer, qui pourrait être mon égal ? – dit le Dieu saint. Levez les yeux et regardez : qui a créé tout cela ? Celui qui déploie toute l'armée des étoiles, et les appelle chacune par son nom. Si grande est sa force, et telle est sa puissance que pas une seule ne manque.

Jacob, pourquoi dis-tu, Israël, pourquoi affirmes-tu : « Mon chemin est caché au Seigneur, mon droit

échappe à mon Dieu » ? Tu ne le sais donc pas, tu ne l'as pas entendu ? Le Seigneur est le Dieu éternel, il crée jusqu'aux extrémités de la terre, il ne se fatigue pas, ne se lasse pas. Son intelligence est insondable. Il rend des forces à l'homme fatigué, il augmente la vigueur de celui qui est faible. Les garçons se fatiguent, se lassent, et les jeunes gens ne cessent de trébucher, mais ceux qui mettent leur espérance dans le Seigneur trouvent des forces nouvelles; ils déploient comme des ailes d'aigles, ils courent sans se lasser, ils marchent sans se fatiguer. – Parole du Seigneur.

Psaume 102 (103)

℟ ***Bénis le Seigneur, ô mon âme !***

Bénis le Seigneur, ô mon âme,
bénis son nom très saint, tout mon être !
Bénis le Seigneur, ô mon âme,
n'oublie aucun de ses bienfaits ! ℟

Car il pardonne toutes tes offenses
et te guérit de toute maladie ;
il réclame ta vie à la tombe
et te couronne d'amour et de tendresse. ℟

Le Seigneur est tendresse et pitié,
lent à la colère et plein d'amour ;
il n'agit pas envers nous selon nos fautes,
ne nous rend pas selon nos offenses. ℟

Acclamation de l'Évangile

Alléluia, Alléluia. Il viendra, le Seigneur, pour sauver son peuple. Heureux ceux qui seront prêts à partir à sa rencontre ! ***Alléluia.***

Évangile de Jésus Christ

selon saint Matthieu (11, 28-30)

« Venez à moi, vous tous qui peinez »

En ce temps-là, Jésus prit la parole : « Venez à moi, vous tous qui peinez sous le poids du fardeau, et moi, je vous procurerai le repos. Prenez sur vous mon joug, devenez mes disciples, car je suis doux et humble de cœur, et vous trouverez le repos pour votre âme. Oui, mon joug est facile à porter, et mon fardeau, léger. »

Prière sur les offrandes

Nous t'en prions, Seigneur, accorde-nous de t'offrir toujours ce sacrifice d'un cœur généreux : qu'il réalise le mystère sacré que tu as institué, et opère en nous ton salut avec puissance. Par le Christ, notre Seigneur. ***— Amen.***

1re préface de l'Avent, p. 233.

Antienne de la communion

Voici le Seigneur Dieu
qui vient avec puissance ;
il vient illuminer
le regard de ceux qui le servent.
(Is 40, 10 ; cf. 35, 5)

Prière après la communion

Nous implorons, Seigneur, ta bonté : que ce réconfort divin nous délivre de nos penchants mauvais et nous prépare aux fêtes qui approchent. Par le Christ, notre Seigneur. — ***Amen.***

INVITATION

En solidarité avec les personnes pour qui le joug n'est pas facile à porter, j'écris à quelqu'un qui est dans la peine.

COMMENTAIRE

Nous ne sommes pas seuls

Matthieu 11, 28-30

Une vie sans fardeau est-elle possible ? Peut-être en rêvons-nous. Pourtant, le Seigneur lui-même ne nous a pas bercés d'illusions : « Prenez sur vous mon joug, devenez mes disciples. » Prendre le joug du Christ, c'est accepter de porter nos propres croix en union avec la sienne ; c'est découvrir sa présence réconfortante et aimante au cœur de nos grandes et petites préoccupations. ■

***Bertrand Lesoing,** prêtre de la communauté Saint-Martin*

Bienheureuse Vierge Marie de Lorette

Couleur liturgique : blanc

La dévotion mariale qui s'exprime dans le sanctuaire de Lorette commémore le mystère de l'Incarnation et des exemples évangéliques que donna la sainte Famille de Nazareth.

Antienne d'ouverture

L'Ange dit à Marie : « Tu as trouvé grâce auprès de Dieu. Voici que tu vas concevoir et enfanter un fils, il sera appelé Fils du Très-Haut. » (cf. Lc 1, 30-32)

Prière

Seigneur Dieu, afin d'accomplir les promesses faites à nos pères, tu as choisi la bienheureuse Vierge Marie, pour qu'elle devienne la Mère du Sauveur ; accorde-nous de suivre l'exemple de celle qui te fut agréable par son humilité et nous fut secourable en son obéissance. Par Jésus… — ***Amen.***

Prière sur les offrandes

Accueille, Seigneur, les dons que nous te présentons, et, par ta puissance, fais qu'ils deviennent le sacrement du salut, dans lequel les sacrifices de nos pères trouvent leur accomplissement, lorsque l'Agneau véritable est offert, Jésus Christ ton Fils, né admirablement d'une mère qui reste vierge. Lui qui… — ***Amen.***

Antienne de la communion

Voici que la Vierge concevra, et elle enfantera un fils ; on lui donnera le nom d'Emmanuel. (cf. Is 7, 14)

Prière après la communion

Puissent les mystères que nous avons reçus, Seigneur notre Dieu, manifester toujours en nous ta miséricorde, pour que, célébrant fidèlement la mémoire de sa Mère, nous soyons sauvés par l'incarnation de ton Fils. Lui qui… — ***Amen.***

JEUDI 11 DÉCEMBRE 2025

2^E^ SEMAINE DE L'AVENT COULEUR LITURGIQUE : VIOLET

Temps de l'Avent, *messe de la férie*
ou **saint Damase Ier**

7 - 13

Antienne d'ouverture

Toi, Seigneur, tu es proche, tout dans tes ordres est vérité.
Depuis longtemps je le sais : tu as fondé pour toujours tes exigences.
(Ps 118, 151-152)

Prière

Réveille nos cœurs, Seigneur, pour préparer les chemins de ton Fils unique, afin que, par son avènement, nous puissions te servir d'un esprit purifié. Par Jésus…
— Amen.

Lecture

du livre du prophète Isaïe (41, 13-20)

« Ton rédempteur, c'est le Saint d'Israël »

C'est moi, le Seigneur ton Dieu, qui saisis ta main droite, et qui te dis : « Ne crains pas, moi, je viens à ton aide. » Ne crains pas, Jacob, pauvre vermisseau, Israël, pauvre mortel. Je viens à ton aide – oracle du Seigneur ; ton rédempteur, c'est le Saint d'Israël. J'ai fait de toi un traîneau à battre le grain, tout neuf, à double rang de pointes : tu vas briser les montagnes, les broyer ; tu réduiras les collines en menue paille ; tu les vanneras, un souffle les emportera, un tourbillon les dispersera. Mais toi, tu mettras ta joie dans le Seigneur ; dans le Saint d'Israël, tu trouveras ta louange. Les pauvres et les malheureux cherchent de l'eau, et il n'y en a pas ; leur langue est desséchée par la soif. Moi, le Seigneur, je les exaucerai, moi, le Dieu d'Israël, je ne les abandonnerai pas. Sur les hauteurs dénudées je ferai jaillir des fleuves, et des sources au creux des vallées. Je changerai le désert en lac, et la terre aride en fontaines. Je planterai dans le désert le cèdre et l'acacia, le myrte et l'olivier ; je mettrai ensemble dans les terres incultes le cyprès, l'orme et le mélèze, afin que tous regardent et reconnaissent, afin qu'ils considèrent et comprennent que la main du Seigneur a fait cela, que le Saint d'Israël en est le créateur. – Parole du Seigneur.

Psaume 144 (145)

℟ ***Le Seigneur est tendresse et pitié, lent à la colère et plein d'amour.***

Je t'exalterai, mon Dieu, mon Roi,
je bénirai ton nom toujours et à jamais !
La bonté du Seigneur est pour tous,
sa tendresse, pour toutes ses œuvres. ℟

Que tes œuvres, Seigneur, te rendent grâce
et que tes fidèles te bénissent !
Ils diront la gloire de ton règne,
ils parleront de tes exploits. ℟

Ils annonceront aux hommes tes exploits,
la gloire et l'éclat de ton règne :
ton règne, un règne éternel,
ton empire, pour les âges des âges. ℟

Acclamation de l'Évangile

Alléluia, Alléluia. Ciel, répands ta rosée ! Nuées, faites pleuvoir le juste ! Terre, ouvre-toi, que germe le Sauveur ! ***Alléluia.***

Évangile de Jésus Christ

selon saint Matthieu (11, 11-15)

« Personne ne s'est levé de plus grand que Jean le Baptiste »

En ce temps-là, Jésus déclarait aux foules : « Amen, je vous le dis : Parmi ceux qui sont nés d'une femme, personne ne s'est levé de plus grand que Jean le Baptiste ; et cependant le plus petit dans le royaume des Cieux est plus grand que lui. Depuis les jours de Jean le Baptiste jusqu'à présent, le royaume des Cieux subit la violence, et des violents cherchent à s'en emparer. Tous les Prophètes, ainsi que la Loi, ont prophétisé jusqu'à Jean. Et, si vous voulez bien comprendre, c'est lui, le prophète Élie qui doit venir. Celui qui a des oreilles, qu'il entende ! »

Prière sur les offrandes

Nous t'offrons, Seigneur, ces dons prélevés sur les bienfaits reçus de toi : nous t'en prions, accueille-les ; puisse la célébration fervente, que tu nous donnes d'accomplir dans le temps présent, nous obtenir la rédemption éternelle. Par le Christ, notre Seigneur. ***– Amen.***

1re préface de l'Avent, p. 233.

Antienne de la communion

Vivons dans le temps présent
avec justice et piété,
attendant que se réalise
la bienheureuse espérance :
la manifestation de la gloire
de notre grand Dieu.
(Tt 2, 12-13)

Prière après la communion

Nous t'en prions, Seigneur, fais fructifier en nous les mystères que nous avons célébrés : tandis que nous marchons dans ce monde qui passe, tu nous enseignes par eux à aimer dès maintenant les biens du ciel, et à nous attacher à ceux qui demeurent. Par le Christ, notre Seigneur. — ***Amen.***

INVITATION

J'écoute ou je lis les informations du jour avec une intention particulière : celle de me sentir relié à mon prochain.

COMMENTAIRE

Au-delà des conflits — Matthieu 11, 11-15

« Le royaume des Cieux subit la violence, et des violents cherchent à s'en emparer. » Que faut-il comprendre ? Qu'il faut prendre les armes pour défendre le Royaume ? Ajouter du conflit au conflit ? Bien au contraire, ces paroles de Jésus résonnent comme un appel à la paix et à l'espérance : malgré les conflits, les divisions et les déchirures, le Royaume est bien là, signe de la présence de Dieu au milieu de nous. ■

***Bertrand Lesoing,** prêtre de la communauté Saint-Martin*

VENDREDI 12 DÉCEMBRE 2025

2E SEMAINE DE L'AVENT COULEUR LITURGIQUE : VIOLET

Temps de l'Avent, *messe de la férie*
ou **bienheureuse Vierge Marie de Guadaloupé,** *voir p. 83*

Antienne d'ouverture

Voici que le Seigneur viendra avec splendeur,
pour visiter son peuple dans la paix et lui donner la vie éternelle.

Prière

Nous t'en prions, Dieu tout-puissant, accorde à ton peuple d'attendre avec une grande vigilance l'avènement de ton Fils unique ; puissions-nous, comme l'enseigne notre Sauveur, rester en éveil et nous hâter à sa rencontre avec nos lampes allumées. Lui qui… **– *Amen.***

Lecture

du livre du prophète Isaïe (48, 17-19)

« Si tu avais prêté attention à mes commandements ! »

Ainsi parle le Seigneur, ton rédempteur*, Saint d'Israël : Je suis le Seigneur ton Dieu, je te donne un enseignement utile, je te guide sur le chemin où tu marches.
Si seulement tu avais prêté attention à mes commandements, ta paix serait comme un fleuve, ta justice, comme les flots de la mer. Ta postérité serait comme le sable, comme les grains de sable, ta descendance ; son nom ne serait ni retranché ni effacé devant moi.
– Parole du Seigneur.

Psaume 1

℟ ***Qui marche à ta suite, Seigneur, aura la lumière de la vie.***

Heureux est l'homme
qui n'entre pas au conseil des méchants,
qui ne suit pas le chemin des pécheurs,
ne siège pas avec ceux qui ricanent,
mais se plaît dans la loi du Seigneur
et murmure sa loi jour et nuit ! ℟

Il est comme un arbre
planté près d'un ruisseau,
qui donne du fruit en son temps,
et jamais son feuillage ne meurt ;
tout ce qu'il entreprend réussira.
Tel n'est pas le sort des méchants. ℟

Mais ils sont comme la paille
balayée par le vent.
Le Seigneur connaît le chemin des justes,
mais le chemin des méchants se perdra. ℟

Acclamation de l'Évangile

Alléluia, Alléluia. Le Seigneur vient : allez à sa rencontre ! C'est lui le Prince de la paix. ***Alléluia.***

Évangile de Jésus Christ

selon saint Matthieu (11, 16-19)

Ils n'écoutent ni Jean ni le Fils de l'homme

En ce temps-là, Jésus déclarait aux foules : « À qui vais-je comparer cette génération ? Elle ressemble à des gamins assis sur les places, qui en interpellent d'autres en disant : "Nous vous avons joué de la flûte, et vous n'avez pas dansé. Nous avons chanté des lamentations, et vous

ne vous êtes pas frappé la poitrine." Jean est venu, en effet; il ne mange pas, il ne boit pas, et l'on dit : "C'est un possédé !" « Le Fils de l'homme est venu ; il mange et il boit, et l'on dit : "Voilà un glouton et un ivrogne, un ami des publicains et des pécheurs." Mais la sagesse de Dieu a été reconnue juste à travers ce qu'elle fait. »

Prière sur les offrandes

Laisse-toi fléchir, Seigneur, par nos offrandes et nos humbles prières; nous ne pouvons pas invoquer nos mérites, viens par ta grâce à notre secours. Par le Christ, notre Seigneur. — ***Amen.***

1re préface de l'Avent, p. 233.

Antienne de la communion

Nous attendons comme sauveur
le Seigneur Jésus Christ,
lui qui transformera nos pauvres
corps à l'image de son corps glorieux.
(cf. Ph 3, 20-21)

Prière après la communion

Comblés par cette nourriture spirituelle, nous te supplions, Seigneur : quand nous participons à ce mystère, apprends-nous à évaluer avec sagesse les réalités de ce monde et à nous attacher aux biens du ciel. Par le Christ, notre Seigneur. — ***Amen.***

INVITATION

Je peux prier le chapelet de Lourdes en direct à 15 h 30
sur le site internet du sanctuaire de Lourdes ou en le suivant dans les médias.

COMMENTAIRE

Nous ne maîtrisons pas tout Matthieu 11, 16-19

Les cœurs ont beau se fermer à la proclamation de l'Évangile, la sagesse de Dieu continue à se déployer : elle « a été reconnue juste à travers ce qu'elle fait ». Lorsque pointe la tentation du découragement dans nos engagements apostoliques, caritatifs ou missionnaires, rappelons-nous que tout peut concourir à la réalisation du projet de Dieu, y compris nos échecs et nos déconvenues. ■

***Bertrand Lesoing**, prêtre de la communauté Saint-Martin*

❊ CLÉ DE LECTURE

« Ton rédempteur » Isaïe 48, 17 *(p. 79)*

Nous employons parfois le vocabulaire de la rédemption, incompréhensible pour la majorité de nos contemporains. Or, le titre de Rédempteur donné à Dieu dans l'Écriture indique un rôle majeur. Dans le judaïsme ancien, le rédempteur est une figure importante du droit : il est le membre de la famille qui, par droit de parenté, rachète les dettes et libère un proche qui risque l'esclavage. Il est celui qui délivre et restitue dans la liberté et la dignité. Or, Dieu, par l'amour paternel qu'il a pour les humains, ne cesse de les libérer de leurs idéologies mensongères et du cortège de leurs méfaits. Il nous veut et nous rend libres, libres de travailler à la justice et à la paix, libres, dit Paul, pour nous mettre au service les uns des autres. ■

***Roselyne Dupont-Roc**, bibliste*

Bienheureuse Vierge Marie de Guadaloupé **Couleur liturgique : blanc**

En 1531, la Vierge Marie se manifeste à un Indien du Mexique, saint Juan Diego. Dans le sanctuaire construit à sa demande, elle est invoquée sous le titre d'Étoile de l'évangélisation.

Antienne d'ouverture

Cieux, distillez d'en haut votre rosée,
que descende le juste, comme
une pluie, que la terre s'ouvre,
et que germe le Sauveur. (cf. Is 45, 8)

Prière

Dieu, Père des miséricordes, tu as placé ton peuple sous le patronage particulier de la Mère très sainte de ton Fils : accorde à tous ceux qui invoquent Notre-Dame de Guadaloupé de travailler avec une foi plus vive au développement des peuples, en prenant les chemins de la justice et de la paix. Par Jésus… ***— Amen.***

Prière sur les offrandes

Accueille, Seigneur, les dons que nous te présentons, et, par ta puissance, fais qu'ils deviennent le sacrement du salut, dans lequel les sacrifices de nos pères trouvent leur accomplissement, lorsque l'Agneau véritable est offert, Jésus Christ ton Fils, né admirablement d'une mère qui reste vierge. Lui qui… ***— Amen.***

Antienne de la communion

Voici que la Vierge concevra, et
elle enfantera un fils ; on lui donnera
le nom d'Emmanuel. (cf. Is 7, 14)

Prière après la communion

Puissent les mystères que nous avons reçus, Seigneur notre Dieu, manifester toujours en nous ta miséricorde, pour que, célébrant fidèlement la mémoire de sa Mère, nous soyons sauvés par l'incarnation de ton Fils. Lui qui…
— Amen.

SAMEDI 13 DÉCEMBRE 2025

2ᴱ SEMAINE DE L'AVENT COULEUR LITURGIQUE : ROUGE

Sainte Lucie

IIIᵉ-IVᵉ siècles. Jeune chrétienne, martyrisée à Syracuse (Sicile), au moment des persécutions de l'empereur Dioclétien.

Antienne d'ouverture

Voici qu'elle suit l'Agneau, crucifié pour nous,
la vierge fidèle, victime pure, offrande immaculée.

OU

Bienheureuse vierge, renonçant à elle-même et portant sa croix,
elle a imité le Seigneur, époux des vierges et prince des martyrs.

Prière

Nous t'en prions, Seigneur, que sainte Lucie, vierge et martyre, intercède pour nous dans la gloire et qu'elle ranime notre ferveur, pour que nous chantions aujourd'hui sa naissance au ciel et puissions contempler les réalités éternelles. Par Jésus… ***— Amen.***

Lecture

du livre de Ben Sira le Sage (48, 1-4.9-11)

Élie doit revenir

En ces jours-là, le prophète Élie surgit comme un feu, sa parole brûlait comme une torche. Il fit venir la famine sur Israël, et, dans son ardeur, les réduisit à un petit nombre. Par la parole du Seigneur, il retint les eaux du ciel, et à trois reprises il en fit descendre le feu. Comme tu étais

redoutable, Élie, dans tes prodiges ! Qui pourrait se glorifier d'être ton égal ? Toi qui fus enlevé dans un tourbillon de feu par un char aux coursiers de feu ; toi qui fus préparé pour la fin des temps, ainsi qu'il est écrit, afin d'apaiser la colère avant qu'elle n'éclate, afin de ramener le cœur des pères vers les fils et de rétablir les tribus de Jacob… heureux ceux qui te verront, heureux ceux qui, dans l'amour, se seront endormis ; nous aussi, nous posséderons la vraie vie.
– Parole du Seigneur.

Psaume 79 (80)

℟ ***Dieu, fais-nous revenir ; que ton visage s'éclaire, et nous serons sauvés !***

Berger d'Israël, écoute,
resplendis au-dessus des Kéroubim !
Réveille ta vaillance
et viens nous sauver. ℟

Dieu de l'univers, reviens !
Du haut des cieux, regarde et vois :
visite cette vigne, protège-la,
celle qu'a plantée ta main puissante. ℟

Que ta main soutienne ton protégé,
le fils de l'homme qui te doit sa force.
Jamais plus nous n'irons loin de toi :
fais-nous vivre et invoquer ton nom ! ℟

Acclamation de l'Évangile

Alléluia. Alléluia. Préparez le chemin du Seigneur, rendez droits ses sentiers : tout être vivant verra le salut de Dieu. ***Alléluia.***

Évangile de Jésus Christ

selon saint Matthieu (17, 10-13)

Élie est déjà venu et ils ne l'ont pas reconnu

Descendant de la montagne, les disciples interrogèrent Jésus : « Pourquoi donc les scribes disent-ils que le prophète Élie doit venir d'abord ? » Jésus leur répondit : « Élie va venir pour remettre toute chose à sa place. Mais, je vous le déclare : Élie est déjà venu ; au lieu de le reconnaître, ils lui ont fait tout ce qu'ils ont voulu. Et de même, le Fils de l'homme va souffrir par eux. » Alors les disciples comprirent qu'il leur parlait de Jean le Baptiste.

Prière sur les offrandes

Seigneur, nous te présentons ces offrandes en célébrant sainte Lucie : accepte-les avec bienveillance, nous t'en prions, comme tu as accueilli le combat de son martyre. Par le Christ, notre Seigneur. – ***Amen.***

1re préface de l'Avent, p. 233.

Antienne de la communion

L'Agneau qui se tient au milieu
du Trône les conduira
aux sources des eaux de la vie.
(cf. Ap 7, 17)

Prière après la communion

Seigneur Dieu, tu as donné à sainte Lucie d'être couronnée parmi les saints, au double titre de vierge et de martyre ; par la force de ce sacrement, rends-nous forts pour surmonter le mal et obtenir ainsi la gloire du ciel. Par le Christ, notre Seigneur. – ***Amen.***

INVITATION

Pour la Sainte-Lucie, la fête de la lumière,
je peux faire la liste des personnes qui ont été une lumière dans ma vie.

COMMENTAIRE

Lignées multiples Matthieu 17, 10-13

Élie, Jean le Baptiste, Jésus : trois figures si différentes et pourtant étroitement unies dans les évangiles. Car le Christ ne vient pas de nulle part. Comme nous, il s'inscrit dans une lignée, et même plusieurs : lignée familiale, lignée de prophètes et, surtout, lignée d'un peuple de croyants. Pour lui comme pour nous, reconnaître ces lignées, c'est accéder à sa propre identité. ■

Bertrand Lesoing, prêtre de la communauté Saint-Martin

DIMANCHE 14 DÉCEMBRE 2025

3E DIMANCHE DE L'AVENT

ANNÉE A – COULEUR LITURGIQUE : VIOLET OU ROSE

« Es-tu celui qui doit venir, ou devons-nous en attendre un autre ? » Matthieu 11, 3

Le désert et la terre de la soif, qu'ils se réjouissent ! En ce dimanche de *Gaudete*, de la joie, exultons et crions d'allégresse. Car le Seigneur vient manifester au monde sa gloire et sa splendeur. Nos vies peuvent être des déserts arides, mais Jésus vient. Grâce à lui, les aveugles voient, les lépreux sont purifiés et les morts ressuscitent. Oui, exultons et crions de joie !

RITES INITIAUX

Chant d'entrée *(Suggestions p. 254)*
OU
Antienne d'ouverture
Soyez toujours dans la joie du Seigneur ; je le redis :
soyez dans la joie. Le Seigneur est proche.
(Ph 4, 4.5)

Suggestion de préparation pénitentielle *(ou p. 226)*
Réjouissons-nous, car le Seigneur vient pour nous sauver. Avec confiance, tournons-nous vers Dieu et reconnaissons notre péché.

Seigneur Jésus, toi qui fais justice aux opprimés, tu libères les exilés. Kyrie, eleison.
– Kyrie, eleison.
Ô Christ, toi qui délies les enchaînés, tu redresses les accablés. Christe, eleison.
– Christe, eleison.
Seigneur, toi qui purifies les lépreux, tu viens ressusciter les morts. Kyrie, eleison.
– Kyrie, eleison.

Que Dieu tout-puissant nous fasse miséricorde ; qu'il nous pardonne nos péchés et nous conduise à la vie éternelle. ***– Amen.***

Pendant l'Avent, on omet le Gloire à Dieu.

Prière

Tu le vois, Seigneur Dieu, ton peuple attend avec foi la fête de la naissance de ton Fils; nous t'en prions, accorde-nous de parvenir au bonheur d'un tel salut, et de le célébrer solennellement avec une joie toujours nouvelle. Par Jésus… **— *Amen.***

LITURGIE DE LA PAROLE

Lecture du livre du prophète Isaïe (35, 1-6a.10)

« Dieu vient lui-même et va vous sauver »

Le désert et la terre de la soif, qu'ils se réjouissent ! Le pays aride, qu'il exulte et fleurisse comme la rose, qu'il se couvre de fleurs des champs, qu'il exulte et crie de joie ! La gloire du Liban lui est donnée, la splendeur du Carmel et du Sarone. On verra la gloire du Seigneur, la splendeur de notre Dieu. Fortifiez les mains défaillantes, affermissez les genoux qui fléchissent, dites aux gens qui s'affolent : « Soyez forts, ne craignez pas. Voici votre Dieu : c'est la vengeance qui vient, la revanche de Dieu. Il vient lui-même et va vous sauver. » Alors se dessilleront les yeux des aveugles, et s'ouvriront les oreilles des sourds. Alors le boiteux bondira comme un cerf, et la bouche du muet criera de joie. Ceux qu'a libérés le Seigneur reviennent, ils entrent dans Sion avec des cris de fête,

couronnés de l'éternelle joie. Allégresse et joie les rejoindront, douleur et plainte s'enfuient.
– Parole du Seigneur.

Psaume 145 (146)

℟ ***Viens, Seigneur, et sauve-nous !***
OU ***Alléluia !***

T. : AELF; M. : J.-P. Hervy; Éd. : ADF.

Le Seigneur fait justice aux opprimés,
aux affamés, il donne le pain,
le Seigneur délie les enchaînés. ℟

Le Seigneur ouvre les yeux des aveugles,
le Seigneur redresse les accablés,
le Seigneur aime les justes. ℟

Écoutez ce psaume sur **www.prionseneglise.fr/messe-du-dimanche**

℟ ***Viens, Seigneur, et sauve-nous !***
OU ***Alléluia !***

Le Seigneur protège l'étranger,
il soutient la veuve et l'orphelin.
D'âge en âge, le Seigneur régnera. ℟

Lecture de la lettre de saint Jacques (5, 7-10)

« Tenez ferme vos cœurs car la venue du Seigneur est proche »

Frères, en attendant la venue du Seigneur, prenez patience. Voyez le cultivateur : il attend les fruits précieux de la terre avec patience, jusqu'à ce qu'il ait fait la récolte précoce et la récolte tardive. Prenez patience, vous aussi, et tenez ferme car la venue du Seigneur est proche. Frères, ne gémissez pas les uns contre les autres, ainsi vous ne serez pas jugés. Voyez : le Juge est à notre porte. Frères, prenez pour modèles d'endurance et de patience les prophètes qui ont parlé au nom du Seigneur.

– Parole du Seigneur.

Acclamation de l'Évangile

Alléluia. Alléluia. L'Esprit du Seigneur est sur moi : il m'a envoyé porter la Bonne Nouvelle aux pauvres. ***Alléluia.***

T. : AELF; M. : P. Robert.

Évangile de Jésus Christ selon saint Matthieu (11, 2-11)

« Es-tu celui qui doit venir, ou devons-nous en attendre un autre ? »

En ce temps-là, Jean le Baptiste entendit parler, dans sa prison, des œuvres réalisées par le Christ. Il lui envoya ses disciples et, par eux, lui demanda : « Es-tu celui qui doit venir, ou devons-nous en attendre un autre ? » Jésus leur répondit : « Allez annoncer à Jean ce que vous entendez et voyez : Les aveugles retrouvent la vue, et les boiteux marchent, les lépreux sont purifiés, et les sourds

entendent, les morts ressuscitent, et les pauvres reçoivent la Bonne Nouvelle. Heureux celui pour qui je ne suis pas une occasion de chute ! »
Tandis que les envoyés de Jean s'en allaient, Jésus se mit à dire aux foules à propos de Jean : « Qu'êtes-vous allés regarder au désert ? un roseau agité par le vent ? Alors, qu'êtes-vous donc allés voir ? un homme habillé de façon raffinée ? Mais ceux qui portent de tels vêtements vivent dans les palais des rois. Alors, qu'êtes-vous allés voir ? un prophète ? Oui, je vous le dis, et bien plus qu'un prophète. C'est de lui qu'il est écrit : *Voici que j'envoie mon messager en avant de toi, pour préparer le chemin devant toi.* Amen, je vous le dis : Parmi ceux qui sont nés d'une femme, personne ne s'est levé de plus grand que Jean le Baptiste ; et cependant le plus petit dans le royaume des Cieux est plus grand que lui. »

Homélie

Profession de foi *(p. 229)*

Suggestion de prière universelle

Le prêtre :

En ce dimanche de la joie, le Christ veut remplir toute l'humanité de son espérance et de son allégresse. Avec foi, prions-le pour tous les habitants de la terre.

℟ ***Seigneur, écoute-nous, Seigneur, exauce-nous.***

Sei - gneur, é - cou - te - nous, Sei - gneur, e - xau - ce - nous.

D. R. ; T. et M. : J. Gelineau.

Le diacre ou un lecteur :

« Les pauvres reçoivent la Bonne Nouvelle. » Prions pour les catéchumènes et les recommençants qui découvrent ou redécouvrent la Bonne Nouvelle du Christ. Prions aussi pour leurs accompagnateurs et tous les catéchistes. Viens, Jésus Lumière. ℟

« Le Seigneur délie les enchaînés. » En ce jour du jubilé des détenus, prions pour les prisonniers et pour leurs familles. Prions aussi pour les visiteurs de prisons, qui leur apportent un réconfort humain et spirituel. Viens, Jésus Sauveur. ℟

« Aux affamés, il donne le pain. » Prions pour les personnes qui n'ont les moyens ni de se nourrir ni de se chauffer décemment.

Prions pour les associations qui tentent de leur trouver des solutions durables. Viens, Jésus Réconfort. ℟

« Fortifiez les mains défaillantes. » Prions pour les membres de notre assemblée qui traversent l'épreuve du deuil, de la maladie ou de la solitude. Prions pour nos paroissiens engagés dans l'écoute et le service auprès des malades. Viens, Jésus Espérance. ℟

(Ces intentions seront adaptées ou modifiées selon les circonstances. On peut aussi s'inspirer de l'intention universelle du Saint-Père, p. 6.)

Le prêtre :

Seigneur Jésus Christ, toi qui es venu annoncer la Bonne Nouvelle aux pauvres, écoute nos humbles prières. Daigne nous exaucer, toi qui vis et règnes pour les siècles des siècles. — ***Amen.***

LITURGIE EUCHARISTIQUE

Prière sur les offrandes

Nous t'en prions, Seigneur, accorde-nous de t'offrir toujours ce sacrifice d'un cœur généreux : qu'il réalise le mystère sacré que tu as institué, et opère en nous ton salut avec puissance. Par le Christ, notre Seigneur. — ***Amen.***

Prière eucharistique *(Préface de l'Avent, p. 233)*

Chant de communion *(Suggestions p. 254)*

OU

Antienne de la communion

Dites aux esprits abattus : « Soyez forts, ne craignez pas.
Voici notre Dieu : il vient et va nous sauver. »
(cf. Is 35, 4)

Prière après la communion

Nous implorons, Seigneur, ta bonté : que ce réconfort divin nous délivre de nos penchants mauvais et nous prépare aux fêtes qui approchent. Par le Christ, notre Seigneur. — ***Amen.***

RITE DE CONCLUSION

Bénédiction solennelle *(p. 52)*

Envoi

COMMENTAIRE DU DIMANCHE

Jean-Paul Sagadou, prêtre assomptionniste, rédacteur en chef de *Prions en Église Afrique*

Signe par excellence

Depuis sa prison, Jean le Baptiste s'interroge sur l'identité de Jésus : « Es-tu celui qui doit venir, ou devons-nous en attendre un autre ? » À cette question, Jésus répond par des actes de guérison : les aveugles voient, les boiteux marchent, les lépreux sont purifiés, les sourds entendent, les morts ressuscitent. La sagesse africaine enseigne que « c'est au pied du mur qu'on connaît le maçon ». De même, c'est dans les fruits de son action que Jésus se révèle comme le Messie attendu. La foi chrétienne n'est pas d'abord une idée mais une expérience de salut qui transforme la réalité.

Jésus ne donne pas seulement des signes. Il est lui-même, par excellence, le signe du Royaume. Dans notre monde, marqué par les blessures provoquées par des guerres, des migrations forcées,

des inégalités sociales et la crise écologique, il nous faut regarder du côté des « signes » de Dieu à l'œuvre. Le Royaume est présent à travers les multiples et humbles engagements pour la justice, sans oublier les gestes de solidarité qui redonnent de la dignité aux fragiles de nos sociétés.
Jean le Baptiste peut être un modèle pour nous et Jésus a raison de faire son éloge. Devenons comme lui : des hommes et des femmes debout, qui ne cherchent pas à vivre dans des palais mais dans le désert, proches des gens et fidèles à leur mission. Soyons les témoins d'un Évangile qui ouvre des chemins d'espérance pour nos contemporains en quête de sens.

Dans les moments d'épreuves, comment est-ce que je reconnais la présence du Christ à l'œuvre dans ma vie ?

De quelle manière puis-je être un « Jean le Baptiste » pour aujourd'hui ?

Qu'est-ce que je fais pour préparer la route du Christ là où je vis ? ■

Prions en Église Junior

LIRE L'ÉVANGILE AVEC LES ENFANTS

CE QUE JE DÉCOUVRE

Les disciples de Jean le Baptiste demandent si Jésus est le Sauveur qu'ils attendent. Et pour nous, est-il le Fils de Dieu ? **L'évangile nous demande d'ouvrir nos yeux et nos oreilles en grand.** Les boiteux marchent, les sourds entendent... Tous, au contact de Jésus, découvrent en eux une force de vie. **Jésus est bien le Fils de Dieu ; baptisés, nous sommes enfants de Dieu.** Nous croyons que Jésus est présent dans notre vie et qu'il agit. Nous aussi, par nos gestes et nos paroles qui font du bien, nous pouvons montrer que Jésus Christ est là.

CE QUE JE VIS

Jean le Baptiste est un prophète. En connais-tu d'autres ? As-tu déjà vu ou entendu des signes qui annoncent la venue de Jésus ? **Sur un papier, écris des exemples de paroles ou de gestes qui font du bien. Tu peux ensuite remercier Dieu pour cela.**

Texte : Cédric Kuntz. Illustrations : Marcelino Truong

MÉDITATION BIBLIQUE

3E DIMANCHE DE L'AVENT

Évangile selon saint Matthieu 11, 2-11

Ouvrir les yeux

Jésus propose d'accéder directement à la réalité, sans filtre et sans attente.

Le temps de la préparation

« Le Seigneur délie les enchaînés. » (Ps 145, 7)

Le temps de l'observation

Jean Baptiste est loin, il ne voit rien. Emprisonné, il n'a pas accès à ce qui se passe. Il envoie donc ses disciples poser à Jésus une question. Eux, font un contrôle d'identité : « Es-tu celui qui doit venir, ou devons-nous en attendre un autre ? » La question est formelle et synthétique. Comme à son habitude, Jésus ne répond pas à ce style de question. Il leur propose une expérience directe : regarder et écouter. Que se passe-t-il autour d'eux ? Que vivent les personnes à proximité de Jésus ? Quel impact a-t-il sur son entourage ? Jésus les invite à un regard attentif et humain sur la réalité. Les disciples du Baptiste ...

••• sont invités à plonger dans l'existence et à voir de leurs yeux ce qu'il en est. Or, constater l'évolution des personnes demande un peu de temps et nécessite d'être attentifs à ce qui se joue autour d'eux. Quand les disciples de Jean repartent, ils ont des choses à raconter : la vie a repris chez les personnes qui ont rencontré Jésus.

Le temps de la méditation

Jésus n'est pas un maître expert en théorie. Fidèle à la tradition juive soucieuse de lier le ciel et la terre, il ouvre à l'expérience attentive de l'existence. Il le fait avec ses disciples mais également avec les disciples des autres. Devenir disciple de Jésus, c'est ouvrir les yeux et se mettre à l'écoute. Fêter Noël est une occasion de retrouver cet accès à la réalité. Les lumières qui brillent nous ramènent à la réalité : ici aussi, il y a des choses à voir. Non pas seulement parce que des guirlandes sont installées dans les rues et dans les maisons, mais surtout parce que les lumières font partie de nos vies. Chaque jour, des personnes entendent des paroles pour la première fois, réussissent à avancer, des désespérés reprennent vie, des exclus sont accueillis et les pauvres ne sont pas exclus de ces transformations. Tout cela est sous nos yeux. Il reste à prendre le temps de voir et d'entendre.

Le temps de la prière

« Alors le boiteux bondira
comme un cerf, et la bouche
du muet criera de joie ;
car l'eau jaillira dans le désert,
des torrents dans le pays aride. »
(Is 35, 6) ■

Marie-Laure Durand, bibliste

LA SAINTE DU MOIS

18 DÉCEMBRE : BIENHEUREUSE NÉMÉSIE VALLE (1847-1916)

Une vie de bonté

En langage familier, les religieuses sont souvent appelées les « bonnes sœurs » : cette expression est révélatrice de l'image favorable dont elles bénéficient du fait de leurs actions charitables. La bienheureuse Némésie Valle (béatifiée en 2004) fut l'une de ces inlassables témoins de l'amour du Seigneur pour l'humanité. Née à Aoste, au nord-ouest de l'Italie, Julie (de son nom de baptême) eut une enfance difficile, bouleversée par la mort prématurée de sa mère, par les déplacements et le remariage de son père. Ses deux seuls points d'appui furent sa foi déjà vive en Dieu et la découverte d'une congrégation de religieuses : les Sœurs de la Charité de sainte •••

••• Jeanne-Antide Thouret, qu'elle côtoya à Besançon comme pensionnaire, puis à Pont-Saint-Martin (Val d'Aoste, Italie), où son père s'était établi. En observant ces religieuses, Julie Valle n'eut qu'une envie : être l'une d'entre elles. En 1867, à 20 ans, elle prononça ses vœux et devint sœur Némésie (Nemesia), d'après Nemesio, un martyr du IIIe siècle. Elle fut alors envoyée à Tortona (au nord de Gênes) comme enseignante. À l'égard de ses élèves, elle se montra toute patience et douceur. Sa réputation de bonté s'étendit au-delà même de son école, et elle fut sollicitée par de nombreux habitants pour des conseils spirituels ou des aides matérielles. En 1903, après trente-cinq ans à Tortona, sœur Némésie fut nommée maîtresse des novices à Borgaro Torinese, près de Turin. Vis-à-vis des futures religieuses (elle en forma environ cinq cents en treize ans !), elle conserva la même attitude de bienveillance et de compréhension. Mais sa supérieure, favorable à des méthodes plus fermes, s'opposa à elle, lui adressant de fréquentes remontrances en public. Némésie Valle en souffrit profondément, mais continua à faire preuve d'une bonté inaltérable jusqu'à son retour à Dieu, le 18 décembre 1916. ■

Xavier Lecœur, journaliste et historien

UNE SAINTE POUR AUJOURD'HUI

« La sainteté ne consiste pas à faire beaucoup de choses ou à faire de grandes choses », soulignait la bienheureuse Némésie Valle. Sa vie nous rappelle que ce qui a du prix pour Dieu, c'est l'amour et la bonté que nous mettons dans nos actions quotidiennes.

LUNDI 15 DÉCEMBRE 2025

3E SEMAINE DE L'AVENT COULEUR LITURGIQUE : VIOLET

Temps de l'Avent, *messe de la férie*

14 - 20

Antienne d'ouverture

Écoutez, nations, la parole du Seigneur !
Annoncez-la jusqu'aux extrémités de la terre :
voici notre Sauveur qui vient, ne craignez plus.
(cf. Jr 31, 10 ; Is 35, 4)

Prière

Dans ta tendresse, nous t'en prions, Seigneur, prête l'oreille à notre voix : éclaire les ténèbres de nos cœurs, par la grâce de ton Fils qui vient nous visiter. Lui qui…
— Amen.

Lecture

du livre des Nombres (24, 2-7.15-17a)

« Un astre se lève, issu de Jacob »

En ces jours-là, levant les yeux, le prophète païen Balaam vit Israël qui campait, rangé par tribus. L'esprit de Dieu fut sur lui, et il prononça ces paroles énigmatiques : « Oracle de Balaam, fils de Béor, oracle de l'homme au regard pénétrant, oracle de celui qui entend les paroles de Dieu. Il voit ce que le Puissant lui fait voir, il tombe en extase, et ses yeux s'ouvrent. Que tes tentes sont belles, Jacob, et tes demeures, Israël !

Elles s'étendent comme des vallées, comme des jardins au bord d'un fleuve ; le Seigneur les a plantées comme des aloès, comme des cèdres au bord des eaux ! Un héros sortira de la descendance de Jacob, il dominera sur des peuples nombreux. Son règne sera plus grand que celui de Gog, sa royauté sera exaltée. »
Balaam prononça encore ces paroles énigmatiques : « Oracle de Balaam, fils de Béor, oracle de l'homme au regard pénétrant, oracle de celui qui entend les paroles de Dieu, qui possède la science du Très-Haut. Il voit ce que le Puissant lui fait voir, il tombe en extase, et ses yeux s'ouvrent. Ce héros, je le vois – mais pas pour maintenant – je l'aperçois – mais pas de près : Un astre se lève, issu de Jacob, un sceptre se dresse, issu d'Israël. »
– Parole du Seigneur.

Psaume 24 (25)

℟ ***Seigneur, fais-moi connaître ta route !***

Seigneur, enseigne-m<u>o</u>i tes voies,
fais-moi conn<u>a</u>ître ta route.
Dirige-moi par ta vérit<u>é</u>, enseigne-moi,
car tu es le Die<u>u</u> qui me sauve. ℟

Rappelle-toi, Seigne<u>u</u>r, ta tendresse,
ton amour qui <u>e</u>st de toujours.
Dans ton amo<u>u</u>r, ne m'oublie pas,
en raison de ta bont<u>é</u>, Seigneur. ℟

Il est droit, il est b<u>o</u>n, le Seigneur,
lui qui montre aux pécheu<u>r</u>s le chemin.
Sa justice dir<u>i</u>ge les humbles,
il enseigne aux h<u>u</u>mbles son chemin. ℟

Acclamation de l'Évangile

Alléluia, Alléluia. Fais-nous voir, Seigneur, ton amour, et donne-nous ton salut. ***Alléluia.***

Évangile de Jésus Christ

selon saint Matthieu (21, 23-27)

« Le baptême de Jean, d'où venait-il ? »

En ce temps-là, Jésus était entré dans le Temple, et, pendant qu'il enseignait, les grands prêtres et les anciens du peuple s'approchèrent de lui et demandèrent : « Par quelle autorité fais-tu cela, et qui t'a donné cette autorité ? » Jésus leur répliqua : « À mon tour, je vais vous poser une question, une seule; et si vous me répondez, je vous dirai, moi aussi, par quelle autorité je fais cela : Le baptême de Jean, d'où venait-il ? du ciel ou des hommes ? » Ils faisaient en eux-mêmes ce raisonnement : « Si nous disons : "Du ciel", il va nous dire : "Pourquoi donc n'avez-vous pas cru à sa parole ?" Si nous disons : "Des hommes", nous devons redouter la foule, car tous tiennent Jean pour un prophète. » Ils répondirent donc à Jésus : « Nous ne savons pas ! » Il leur dit à son tour : « Moi, je ne vous dis pas non plus par quelle autorité je fais cela. »

Prière sur les offrandes

Nous t'offrons, Seigneur, ces dons prélevés sur les bienfaits reçus de toi : nous t'en prions, accueille-les; puisse la célébration fervente, que tu nous donnes d'accomplir dans le temps présent, nous obtenir la rédemption éternelle. Par le Christ, notre Seigneur. — ***Amen.*** *1re préface de l'Avent, p. 233.*

Antienne de la communion

Viens, Seigneur, nous visiter dans la paix ; en ta présence nous goûterons la joie.
(cf. Ps 105, 4-5 ; Is 38, 3)

Prière après la communion

Nous t'en prions, Seigneur, fais fructifier en nous les mystères que nous avons célébrés : tandis que nous marchons dans ce monde qui passe, tu nous enseignes par eux à aimer dès maintenant les biens du ciel, et à nous attacher à ceux qui demeurent. Par le Christ, notre Seigneur. – ***Amen.***

INVITATION

Noël approche, les préparatifs s'intensifient. Et moi, ai-je pris le temps de décorer ma maison, et mon cœur, pour accueillir ce nouveau-né ?

COMMENTAIRE

Certitudes renversées

Matthieu 21, 23-27

« Par quelle autorité fais-tu cela ? » La question est légitime. Mais elle est posée dans un contexte polémique qui souligne la difficulté de mettre sa confiance en Jésus, car il nous surprend toujours. Sommes-nous prêts à faire ce déplacement intérieur pour renoncer, en partie ou en totalité, à nos représentations sur ce qu'il devrait être ou ce qu'il devrait faire ? De quoi nous préparer à son retour en gloire, sur lequel nous centre le temps de l'Avent dans le droit fil de l'Incarnation. ■

***Emmanuelle Billoteau**, ermite*

MARDI 16 DÉCEMBRE 2025

3E SEMAINE DE L'AVENT COULEUR LITURGIQUE : VIOLET

Temps de l'Avent, *messe de la férie*

Antienne d'ouverture

Voici que le Seigneur viendra, et tous les saints avec lui ;
on verra, ce jour-là, une grande lumière.

(cf. Za 14, 5.7)

Prière

Seigneur Dieu, tu as fait de nous une créature nouvelle dans ton Fils unique ; regarde avec bonté les œuvres de ta miséricorde, et lors de la venue de ton Fils, purifie-nous de la dégradation des péchés. Par Jésus… ***— Amen.***

14 - 20

Lecture

du livre du prophète Sophonie (3, 1-2.9-13)

Le salut messianique est promis à tous les pauvres

Ainsi parle le Seigneur : Malheur à la rebelle, l'impure, Jérusalem, la ville tyrannique ! Elle n'a pas écouté l'appel, elle n'a pas accepté la leçon, elle n'a pas fait confiance au Seigneur, de son Dieu elle ne s'est pas approchée. Alors, je rendrai pures les lèvres des peuples pour que tous invoquent le nom du Seigneur et, d'un même geste, le servent. D'au-delà des fleuves d'Éthiopie, ceux qui m'adorent, mes enfants dispersés, m'apporteront mon offrande. Ce jour-là, tu n'auras plus à rougir de tes méfaits, de tes crimes contre moi, car alors j'extirperai de toi ceux qui se vantent avec insolence, tu cesseras de te pavaner sur ma montagne sainte. Je laisserai chez toi un peuple pauvre et petit ; il prendra pour abri le nom du Seigneur. Ce reste d'Israël ne commettra plus d'injustice ; ils ne diront plus de mensonge ; dans leur bouche, plus de langage trompeur. Mais ils pourront paître et se reposer, nul ne viendra les effrayer. – Parole du Seigneur.

Psaume 33 (34)

℟ ***Un pauvre crie ; le Seigneur entend.***

Je bénirai le Seigneur en tout temps,
sa louange sans cesse à mes lèvres.
Je me glorifierai dans le Seigneur :
que les pauvres m'entendent
et soient en fête ! ℟

Qui regarde vers lui resplendira,
sans ombre ni trouble au visage.
Un pauvre crie ; le Seigneur entend :
il le sauve de toutes ses angoisses. ℟

Le Seigneur regarde les justes,
il écoute, attentif à leurs cris.
Le Seigneur entend ceux qui l'appellent :
de toutes leurs angoisses, il les délivre. ℟

Il est proche du cœur brisé,
il sauve l'esprit abattu.
Le Seigneur rachètera ses serviteurs :
pas de châtiment pour qui trouve
en lui son refuge. ℟

Acclamation de l'Évangile

Alléluia, Alléluia. Viens, Seigneur, ne tarde plus, délivre ton peuple de ses fautes ! ***Alléluia.***

Évangile de Jésus Christ

selon saint Matthieu (21, 28-32)

« Jean est venu : les publicains et les prostituées ont cru à sa parole »

En ce temps-là, Jésus disait aux grands prêtres et aux anciens : « Quel est votre avis ? Un homme avait deux fils. Il vint trouver le premier et lui dit : “Mon enfant, va travailler aujourd'hui à la vigne.” Celui-ci répondit : “Je ne veux pas.” Mais ensuite, s'étant repenti, il y alla. Puis le père alla trouver le second et lui parla de la même manière. Celui-ci répondit : “Oui, Seigneur !” et il n'y alla pas. Lequel des deux a fait la volonté du père ? » Ils lui répondent : « Le premier. » Jésus leur dit : « Amen, je vous le déclare : les publicains et les prostituées vous précèdent dans le royaume de Dieu. Car Jean le Baptiste est venu à vous sur le chemin de la justice, et vous n'avez pas cru à sa parole ; mais les publicains et les prostituées y ont cru. Tandis que vous, après avoir vu cela, vous ne vous êtes même pas repentis plus tard pour croire à sa parole. »

14 - 20

Prière sur les offrandes

Laisse-toi fléchir, Seigneur, par nos offrandes et nos humbles prières ; nous ne pouvons pas invoquer nos mérites, viens par ta grâce à notre secours. Par le Christ, notre Seigneur. — ***Amen.***

1re préface de l'Avent, p. 233.

Antienne de la communion
Le Seigneur, le juste juge,
remettra la couronne de justice
à tous ceux qui désirent avec amour
sa Manifestation glorieuse.
(cf. 2 Tm 4, 8)

Prière après la communion
Comblés par cette nourriture spirituelle, nous te supplions, Seigneur : quand nous participons à ce mystère, apprends-nous à évaluer avec sagesse les réalités de ce monde et à nous attacher aux biens du ciel. Par le Christ, notre Seigneur. — ***Amen.***

INVITATION

Depuis combien de temps ne me suis-je pas réconcilié avec Jésus ?
Il n'est pas trop tard pour le faire !

COMMENTAIRE

Des modèles

Matthieu 21, 28-32

Les publicains et les prostituées sont des figures emblématiques de l'Évangile. Rejetés par les bien-pensants de l'époque, ils sont mis en avant par le Christ comme modèles de l'accueil du salut. Pourquoi, sinon pour signifier que la conscience de leur « misère » les a rendus plus aptes à accueillir le Christ sauveur que l'autosuffisance de certains de leurs contemporains ? Alors ne craignons pas de reconnaître nos errances et de revenir à lui pour vivre la joie d'être sauvés, pardonnés. ■

***Emmanuelle Billoteau**, ermite*

Antienne d'ouverture

Cieux, criez de joie ! Terre, exulte !
Car le Seigneur vient ; de ses pauvres, il a compassion. (cf. Is 49, 13)

Prière

Dieu, créateur et rédempteur du genre humain, tu as voulu que ton Verbe prenne chair dans le sein de Marie toujours vierge ; sois favorable à notre prière : que ton Fils unique, qui a pris notre humanité, nous donne part à sa vie divine. Lui qui… — ***Amen.***

Lecture

du livre de la Genèse (49, 1-2.8-10)

« Le sceptre royal n'échappera pas à Juda »

En ces jours-là, Jacob appela ses fils et dit : « Assemblez-vous ! Je veux vous dévoiler ce qui vous arrivera dans les temps à venir. Rassemblez-vous, écoutez, fils de Jacob, écoutez Israël, votre père. Juda, à toi, tes frères rendront hommage, ta main fera plier la nuque de tes ennemis et les fils de ton père se prosterneront devant toi. Juda est un jeune lion. Tu remontes du carnage, mon fils. Il s'est accroupi, il s'est couché comme un lion ; ce fauve, qui le fera lever ? Le sceptre royal n'échappera

pas à Juda, ni le bâton de commandement, à sa descendance, jusqu'à ce que vienne celui à qui le pouvoir appartient, à qui les peuples obéiront. »
– Parole du Seigneur.

Psaume 71 (72)

℟ ***En ces jours-là fleurira la justice, grande paix jusqu'à la fin des temps.***

Dieu, donne au roi tes pouvoirs,
à ce fils de roi ta justice.
Qu'il gouverne ton peuple avec justice,
qu'il fasse droit aux malheureux ! ℟

Montagnes, portez au peuple la paix,
collines, portez-lui la justice !
Qu'il fasse droit aux malheureux
de son peuple,
qu'il sauve les pauvres gens,
qu'il écrase l'oppresseur ! ℟

En ces jours-là, fleurira la justice,
grande paix jusqu'à la fin des lunes !
Qu'il domine de la mer à la mer,
et du Fleuve jusqu'au bout de la terre ! ℟

Que son nom dure toujours ;
sous le soleil, que subsiste son nom !
En lui, que soient bénies
toutes les familles de la terre ;
que tous les pays le disent bienheureux ! ℟

Acclamation de l'Évangile

Alléluia, Alléluia. Viens, sagesse du Très-Haut ! Toi qui régis l'univers avec force et douceur, enseigne-nous le chemin de vérité. ***Alléluia.***

Évangile de Jésus Christ

selon saint Matthieu (1, 1-17)

« Jésus, fils de David, fils d'Abraham »

Généalogie* de Jésus, Christ, fils de David, fils d'Abraham.

Abraham engendra Isaac, Isaac engendra Jacob, Jacob engendra Juda et ses frères, Juda, de son union avec Thamar, engendra Pharès et Zara, Pharès engendra Esrom, Esrom engendra Aram, Aram engendra Aminadab, Aminadab engendra Naassone, Naassone engendra Salmone, Salmone, de son union avec Rahab, engendra Booz, Booz, de son union avec Ruth, engendra Jobed, Jobed engendra Jessé, Jessé engendra le roi David.

David, de son union avec la femme d'Ourias, engendra Salomon, Salomon engendra Roboam, Roboam engendra Abia, Abia engendra Asa, Asa engendra Josaphat, Josaphat engendra Joram, Joram engendra Ozias, Ozias engendra Joatham, Joatham engendra Acaz, Acaz engendra Ézékias, Ézékias engendra Manassé, Manassé engendra Amone, Amone engendra Josias, Josias engendra Jékonias et ses frères à l'époque de l'exil à Babylone.

Après l'exil à Babylone, Jékonias engendra Salathiel, Salathiel engendra Zorobabel, Zorobabel engendra Abioud, Abioud engendra Éliakim, Éliakim engendra Azor, Azor engendra Sadok, Sadok engendra Akim, Akim engendra Élioud, Élioud engendra Éléazar, Éléazar engendra Mattane, Mattane engendra Jacob, Jacob engendra Joseph, l'époux de Marie, de laquelle fut engendré Jésus, que l'on appelle Christ.

Le nombre total des générations est donc : depuis Abraham jusqu'à David, quatorze générations ; depuis

David jusqu'à l'exil à Babylone, quatorze générations ; depuis l'exil à Babylone jusqu'au Christ, quatorze générations.

Prière sur les offrandes

Sanctifie, Seigneur, les dons de ton Église, et accorde-nous, dans ces mystères que nous vénérons, le pain du ciel qui refera nos forces. Par le Christ, notre Seigneur. — ***Amen.***

2e préface de l'Avent, p. 233.

Antienne de la communion

Il vient, celui que tous les peuples attendent ; la maison du Seigneur va se remplir de gloire.
(cf. Ag 2, 7)

Prière après la communion

Rassasiés par le don qui vient de toi, nous te prions, Dieu tout-puissant : entretiens en nous le désir de brûler au feu de ton Esprit pour briller comme de vives lumières lorsque viendra le Christ. Lui qui… — ***Amen.***

INVITATION

La généalogie du Christ me fait penser à mes ancêtres.
Et si je dessinais mon arbre généalogique ?

COMMENTAIRE

Patience…

Matthieu 1, 1-17

Tous les ans, la liturgie nous propose la généalogie de Jésus selon Matthieu qui, dans le texte grec, fait référence à la Création (Genèse). Voilà qui nous fait signe vers la nouvelle création qui se réalise dans le Christ et nous donne de contempler les lentes préparations de l'Incarnation, la patience de Dieu qui se fraie un chemin dans l'histoire de son peuple pour accomplir sa promesse au temps voulu. Dieu n'agit-il pas de même dans nos vies ? Ce qui éprouve parfois notre patience ! ■

Emmanuelle Billoteau, ermite

✲ CLÉ DE LECTURE

« Généalogie »

Matthieu 1, 1 *(p. 115)*

La généalogie de Jésus qui ouvre l'évangile de Matthieu devrait s'appeler : « Genèse ». Le terme grec employé, *« genesis »,* ne signifie pas « généalogie », mais « naissance », « entrée dans le devenir ». Matthieu fait clairement allusion au nom grec du premier livre de la Loi, la Genèse, qui raconte la création par Dieu du monde et de l'humanité. Il apprend ainsi à son lecteur qu'avec la naissance de Jésus, un monde nouveau est en train de naître : un monde issu du monde ancien et d'une lignée humaine, celle d'Abraham, avec laquelle Dieu s'est définitivement engagé, mais aussi un monde promis à un avenir inouï qui verra la réconciliation de tous les peuples. La liste des ancêtres de Jésus passe par David, mais aussi par quatre femmes étrangères au monde juif. ■

Roselyne Dupont-Roc, bibliste

JEUDI 18 DÉCEMBRE 2025

3E SEMAINE DE L'AVENT COULEUR LITURGIQUE : VIOLET

Temps de l'Avent, *messe du jour*

Antienne d'ouverture

Il vient, le Christ, notre Roi ;
Jean lui rend témoignage :
« Voici l'Agneau qui devait venir. »

Prière

Nous t'en prions, Dieu tout-puissant : nous ployons sous le joug du péché qui depuis longtemps nous réduit en esclavage, accorde-nous d'être délivrés, nous qui attendons la naissance incomparable de ton Fils unique. Lui qui… ***— Amen.***

Lecture

du livre du prophète Jérémie (23, 5-8)

« Je susciterai pour David un Germe juste »

Voici venir des jours – oracle du Seigneur –, où je susciterai pour David un Germe juste : il régnera en vrai roi, il agira avec intelligence, il exercera dans le pays le droit et la justice. En ces jours-là, Juda sera sauvé, et Israël habitera en sécurité. Voici le nom qu'on lui donnera : « Le-Seigneur-est-notre-justice. » C'est pourquoi, voici venir des jours – oracle du Seigneur – où, pour prêter serment, on ne dira plus : « Par le Seigneur vivant, qui a fait monter du pays d'Égypte les fils d'Israël », mais :

« Par le Seigneur vivant, qui a fait monter du pays du nord les gens de la maison d'Israël, qui les a ramenés de tous les pays où il les avait chassés. » Car ils demeureront sur leur sol.
– Parole du Seigneur.

Psaume 71 (72)

℟ ***En ces jours-là fleurira la justice, grande paix jusqu'à la fin des temps.***

Dieu, donne au roi tes pouvoirs,
à ce fils de roi ta justice.
Qu'il gouverne ton peuple avec justice,
qu'il fasse droit aux malheureux ! ℟

Il délivrera le pauvre qui appelle
et le malheureux sans recours.
Il aura souci du faible et du pauvre,
du pauvre dont il sauve la vie. ℟

Béni soit le Seigneur, le Dieu d'Israël,
lui seul fait des merveilles !
Béni soit à jamais son nom glorieux,
toute la terre soit remplie de sa gloire !
Amen ! Amen ! ℟

Acclamation de l'Évangile

Alléluia, Alléluia. Viens, Chef de ton peuple Israël ! Toi qui as donné la Loi sur la montagne, délivre-nous par la vigueur de ton bras. ***Alléluia.***

Évangile de Jésus Christ

selon saint Matthieu (1, 18-24)

Jésus, engendré en Marie, épouse de Joseph, fils de David

Voici comment fut engendré Jésus Christ : Marie, sa mère, avait été accordée en mariage à Joseph ; avant qu'ils aient habité ensemble, elle fut enceinte par l'action de l'Esprit Saint. Joseph, son époux, qui était un homme juste, et ne voulait pas la dénoncer publiquement, décida de la renvoyer en secret. Comme il avait formé ce projet, voici que l'ange du Seigneur lui apparut en songe et lui dit : « Joseph, fils de David, ne crains pas de prendre chez toi Marie, ton épouse, puisque l'enfant qui est engendré en elle vient de l'Esprit Saint ; elle enfantera un fils, et tu lui donneras le nom de Jésus (c'est-à-dire : Le-Seigneur-sauve), car c'est lui qui sauvera son peuple de ses péchés. » Tout cela est arrivé pour que soit accomplie la parole du Seigneur prononcée par le prophète : *Voici que la Vierge concevra, et elle enfantera un fils ; on lui donnera le nom d'Emmanuel,* qui se traduit : « Dieu-avec-nous ».
Quand Joseph se réveilla, il fit ce que l'ange du Seigneur lui avait prescrit : il prit chez lui son épouse.

Prière sur les offrandes

Que le sacrifice célébré pour toi, Seigneur, nous rende agréables à ton nom ; nous pourrons ainsi partager l'éternité de celui qui nous a guéris de la mort en prenant notre condition mortelle. Lui qui… — ***Amen.***

2e préface de l'Avent, p. 233.

Antienne de la communion
On lui donnera le nom d'Emmanuel, qui se traduit : Dieu-avec-nous.
(Mt 1, 23 ; cf. Is 7, 14)

Prière après la communion
Puissions-nous, Seigneur, accueillir ta miséricorde au milieu de ton temple, et préparer, en t'honorant comme il convient, la fête prochaine de notre rédemption. Par le Christ, notre Seigneur. — ***Amen.***

INVITATION

L'annonce d'une naissance n'est malheureusement pas toujours un moment de joie. Je pense à celles et ceux qui vivent difficilement cette annonce.

COMMENTAIRE

En nous tous Matthieu 1, 18-24

Donner un nom à Jésus, l'inscrire dans la lignée davidique, veiller à sa croissance, telle est la mission de Joseph, l'époux de Marie qui, elle, le porte au plus intime de son être. Ne sommes-nous pas tous appelés à laisser naître le Christ en nous, à le laisser vivre en nous ? Ce qui demande écoute et capacité de se remettre en question, pour s'ajuster au plan de Dieu qui nous dépasse. Une grâce à demander pour expérimenter dans la foi sa présence active, restauratrice, salutaire. ■

Emmanuelle Billoteau, *ermite*

VENDREDI 19 DÉCEMBRE 2025

3E SEMAINE DE L'AVENT COULEUR LITURGIQUE : VIOLET

Temps de l'Avent, *messe du jour*

Antienne d'ouverture

Celui qui doit venir arrivera, il ne tardera pas ;
alors, plus de crainte sur notre terre, car il est notre Sauveur.
(cf. He 10, 37)

Prière

Seigneur Dieu, par la maternité de la Vierge sainte, tu as voulu révéler au monde la splendeur de ta gloire ; nous t'en prions : accorde-nous de vénérer le mystère si grand de l'Incarnation dans la pureté de la foi et de le célébrer toujours dans l'obéissance du cœur. Par Jésus… — ***Amen.***

Lecture

du livre des Juges (13, 2-7.24-25a)

Un ange annonce la naissance de Samson

En ces jours-là, il y avait un homme de Soréa, du clan de Dane, nommé Manoah. Sa femme était stérile et n'avait pas eu d'enfant. L'ange du Seigneur apparut à cette femme et lui dit : « Tu es stérile et tu n'as pas eu d'enfant. Mais tu vas concevoir et enfanter un fils. Désormais, fais bien attention : ne bois ni vin ni boisson forte, et ne mange aucun aliment impur, car tu vas concevoir et enfanter un fils. Le rasoir ne passera pas sur

sa tête, car il sera voué à Dieu dès le sein de sa mère. C'est lui qui entreprendra de sauver Israël de la main des Philistins. »
La femme s'en alla dire à son mari : « Un homme de Dieu est venu me trouver ; il avait l'apparence d'un ange de Dieu tant il était imposant. Je ne lui ai pas demandé d'où il venait, et il ne m'a pas fait connaître son nom. Mais il m'a dit : "Tu vas devenir enceinte et enfanter un fils. Désormais ne bois ni vin ni boisson forte, et ne mange aucun aliment impur, car l'enfant sera voué à Dieu dès le sein de sa mère et jusqu'au jour de sa mort !" »
La femme enfanta un fils, et elle lui donna le nom de Samson. L'enfant grandit, le Seigneur le bénit, et l'Esprit du Seigneur commença à s'emparer de lui. – Parole du Seigneur.

Psaume 70 (71)

℟ ***Je n'ai que ta louange à ma bouche, tout le jour, ta splendeur.***

En toi, Seigneur, j'ai mon refuge :
garde-moi d'être humilié pour toujours.
Dans ta justice, défends-moi, libère-moi,
tends l'oreille vers moi, et sauve-moi. ℟

Sois le rocher qui m'accueille,
toujours accessible ;
tu as résolu de me sauver :
ma forteresse et mon roc, c'est toi ! ℟

Seigneur mon Dieu, tu es mon espérance,
toi, mon soutien dès avant ma naissance,
tu m'as choisi dès le ventre de ma mère ;
tu seras ma louange toujours ! ℟

Je revivrai les exploits du Seigneur
en rappelant que ta justice est la seule.
Mon Dieu, tu m'as instruit dès ma jeunesse,
jusqu'à présent, j'ai proclamé tes merveilles. ℟

Acclamation de l'Évangile

Alléluia, Alléluia. Viens, Rameau de Jessé, étendard dressé à la face des nations ! Délivre-nous, ne tarde plus. ***Alléluia.***

Évangile de Jésus Christ

selon saint Luc (1, 5-25)

L'ange Gabriel annonce la naissance de Jean le Baptiste

Il y avait, au temps d'Hérode le Grand, roi de Judée, un prêtre du groupe d'Abia, nommé Zacharie. Sa femme aussi était descendante d'Aaron ; elle s'appelait Élisabeth. Ils étaient l'un et l'autre des justes devant Dieu : ils suivaient tous les commandements et les préceptes du Seigneur de façon irréprochable. Ils n'avaient pas d'enfant, car Élisabeth était stérile et, de plus, ils étaient l'un et l'autre avancés en âge.

Or, tandis que Zacharie, durant la période attribuée aux prêtres de son groupe, assurait le service du culte devant Dieu, il fut désigné par le sort, suivant l'usage des prêtres, pour aller offrir l'encens dans le sanctuaire du Seigneur. Toute la multitude du peuple était en prière au-dehors à l'heure de l'offrande de l'encens. L'ange du Seigneur lui apparut, debout à droite de l'autel de l'encens. À sa vue, Zacharie fut bouleversé et la crainte le saisit. L'ange lui dit : « Sois sans crainte, Zacharie, car ta supplication a été exaucée : ta femme Élisabeth mettra au monde pour toi un fils, et tu lui donneras le nom de Jean. Tu seras dans la joie et l'allégresse, et beaucoup se réjouiront de sa naissance, car il sera grand devant le Seigneur. Il ne boira pas de vin ni de boisson forte, et il sera rempli d'Esprit Saint dès le ventre de sa mère; il fera revenir de nombreux fils d'Israël au Seigneur leur Dieu; il marchera devant, en présence du Seigneur, avec l'esprit et la puissance du prophète Élie, pour faire revenir le cœur des pères vers leurs enfants, ramener les rebelles à la sagesse des justes, et préparer au Seigneur un peuple bien disposé. » Alors Zacharie dit à l'ange : « Comment vais-je savoir que cela arrivera ? Moi, en effet, je suis un vieillard et ma femme est avancée en âge. » L'ange lui répondit : « Je suis Gabriel et je me tiens en présence de Dieu. J'ai été envoyé pour te parler et pour t'annoncer cette bonne nouvelle. Mais voici que tu seras réduit au silence et, jusqu'au jour où cela se réalisera, tu ne pourras plus parler, parce que tu n'as pas cru à mes paroles; celles-ci s'accompliront en leur temps. » Le peuple attendait Zacharie et s'étonnait qu'il s'attarde dans le sanctuaire. Quand il sortit, il ne pouvait pas leur parler, et ils comprirent que, dans le sanctuaire, il avait eu une vision. Il leur faisait des signes et restait muet. Lorsqu'il eut achevé son temps de service liturgique, il repartit chez lui. Quelque temps plus tard, sa femme Élisabeth conçut un enfant. Pendant cinq mois, elle garda le secret. Elle se disait : « Voilà ce que le Seigneur a fait pour moi, en ces jours où il a posé son regard pour effacer ce qui était ma honte devant les hommes. »

Prière sur les offrandes

Regarde avec bonté, nous t'en prions, Seigneur, les offrandes apportées à ton autel : que les dons présentés par nous, dans notre faiblesse, soient consacrés par ta puissance. Par le Christ, notre Seigneur. — ***Amen.***

2e préface de l'Avent, p. 233.

Antienne de la communion

L'Astre d'en haut nous visitera
pour conduire nos pas au chemin
de la paix.
(cf. Lc 1, 78-79)

Prière après la communion

Nous te rendons grâce, Dieu tout-puissant, pour les bienfaits déjà reçus ; dans ta bonté, fais-nous désirer ceux que tu vas nous donner bientôt ; nous accueillerons alors d'un esprit purifié la naissance admirable de notre Sauveur. Lui qui… — ***Amen.***

INVITATION

Zacharie est réduit au silence. Moi aussi, aujourd'hui, au milieu de l'effervescence qui précède Noël, j'offre un temps de silence au Seigneur.

COMMENTAIRE

Rien n'est impossible à Dieu

Luc 1, 5-25

L'annonce de la naissance de Jean Baptiste dans le contexte du culte d'Israël nous conduit à contempler un Dieu attentif à la prière, un Dieu avec qui rien n'est impossible, y compris de vivre l'expérience de la fécondité là où la stérilité semblait irrémédiable. Un message d'espérance pour chacun de nous qui sommes invités à laisser l'eau de la Parole irriguer les terres arides de nos vies, quels qu'en soient les aspects (physique, psychologique, spirituel). ■

Emmanuelle Billoteau, ermite

SAMEDI 20 DÉCEMBRE 2025

3e SEMAINE DE L'AVENT COULEUR LITURGIQUE : VIOLET

Temps de l'Avent, *messe du jour*

Antienne d'ouverture

Un rameau sortira de la souche de Jessé,
la gloire du Seigneur remplira toute la terre,
et tout être de chair verra le salut de Dieu.
(cf. Is 11, 1 ; 40, 5 ; Lc 3, 6)

Prière

Dieu d'éternelle majesté, à l'annonce de l'Ange, la Vierge immaculée accueillit ton Verbe indicible et, devenue la demeure de Dieu, elle fut remplie de la lumière de l'Esprit Saint ; nous te demandons qu'à son exemple nous puissions nous attacher humblement à ta volonté. Par Jésus… — ***Amen.***

Lecture

du livre du prophète Isaïe (7, 10-14)

« Voici que la vierge est enceinte »

En ces jours-là, le Seigneur parla ainsi au roi Acaz : « Demande pour toi un signe de la part du Seigneur ton Dieu, au fond du séjour des morts ou sur les sommets, là-haut. » Acaz répondit : « Non, je n'en demanderai pas, je ne mettrai pas le Seigneur à l'épreuve*. »
Isaïe dit alors : « Écoutez, maison de David ! Il ne vous suffit donc pas de

fatiguer les hommes : il faut encore que vous fatiguiez mon Dieu ! C'est pourquoi le Seigneur lui-même vous donnera un signe : Voici que la vierge est enceinte, elle enfantera un fils, qu'elle appellera Emmanuel (c'est-à-dire : Dieu-avec-nous). »
– Parole du Seigneur.

Psaume 23 (24)

℟ ***Qu'il vienne, le Seigneur : c'est lui, le roi de gloire !***

Au Seigneur, le monde et sa richesse,
la terre et tous ses habitants !
C'est lui qui l'a fondée sur les mers
et la garde inébranlable sur les flots. ℟

Qui peut gravir la montagne du Seigneur
et se tenir dans le lieu saint ?
L'homme au cœur pur, aux mains innocentes,
qui ne livre pas son âme aux idoles. ℟

Il obtient, du Seigneur, la bénédiction,
et de Dieu son Sauveur, la justice.
Voici le peuple de ceux qui le cherchent !
Voici Jacob qui recherche ta face ! ℟

Acclamation de l'Évangile

Alléluia, Alléluia. Viens, Clé de David ! Toi qui ouvres les portes du Royaume, arrache à leur prison les captifs des ténèbres. ***Alléluia.***

Évangile de Jésus Christ

selon saint Luc (1, 26-38)

« Voici que tu vas concevoir et enfanter un fils »

Au sixième mois d'Élisabeth, l'ange Gabriel fut envoyé par Dieu dans une ville de Galilée, appelée Nazareth, à une jeune fille vierge, accordée en mariage à un homme de la maison de David, appelé Joseph ; et le nom de la jeune fille était Marie. L'ange entra chez elle et dit : « Je te salue, Comblée-de-grâce, le Seigneur est avec toi. » À cette parole, elle fut toute bouleversée, et elle se demandait ce que pouvait signifier cette salutation. L'ange lui dit alors : « Sois sans crainte, Marie, car tu as trouvé grâce auprès de Dieu. Voici que tu vas concevoir et enfanter un fils ; tu lui donneras le nom de Jésus. Il sera grand, il sera appelé Fils du Très-Haut ; le Seigneur Dieu lui donnera le trône de David son père ; il régnera pour toujours sur la maison de Jacob, et son règne n'aura pas de fin. » Marie dit à l'ange : « Comment cela va-t-il se faire, puisque je ne connais pas d'homme ? » L'ange lui répondit : « L'Esprit Saint viendra sur toi, et la puissance du Très-Haut te prendra sous son ombre ; c'est pourquoi celui qui va naître sera saint, il sera appelé Fils de Dieu. Or voici que, dans sa vieillesse, Élisabeth, ta parente, a conçu, elle aussi, un fils et en est à son sixième mois, alors qu'on l'appelait la femme stérile. Car rien n'est impossible à Dieu. » Marie dit alors : « Voici la servante du Seigneur ; que tout m'advienne selon ta parole. » Alors l'ange la quitta.

SAMEDI 20 DÉCEMBRE 2025

Prière sur les offrandes

Nous t'en prions, Seigneur, regarde ce sacrifice unique, et, par notre communion à ce mystère, accorde-nous de recevoir les biens que nous attendons et que notre foi nous donne d'espérer. Par le Christ, notre Seigneur. — ***Amen.***

2e préface de l'Avent, p. 233.

Antienne de la communion

L'Ange dit à Marie :
« Voici que tu vas concevoir
et enfanter un fils ; tu lui donneras
le nom de Jésus. »
(Lc 1, 31)

Prière après la communion

Ceux que tu renouvelles par le don venu du ciel, garde-les, Seigneur, en ta divine protection : qu'ils trouvent, en communiant à tes mystères, la joie dans la paix véritable. Par le Christ, notre Seigneur. — ***Amen.***

INVITATION

Je prie pour toutes les personnes qui travaillent dans une maternité.

COMMENTAIRE

Risquer la transformation

Luc 1, 26-38

La grâce de renouveau que nous apporte l'irruption de Dieu, et plus encore son incarnation, est manifeste dans l'évangile de Luc. Une irruption qui suppose un cœur apte à reconnaître le frémissement de vie occasionné par sa présence. Il s'agit de quitter le connu avec ce qu'il a de sécurisant, pour discerner les « chemins qui s'ouvrent dans nos cœurs » (Ps 83 [84], 6) si nous mettons notre foi en Dieu et consentons à cette part de risque qui accompagne toute transformation personnelle. ■

Emmanuelle Billoteau, ermite

✲ CLÉ DE LECTURE

« Je ne mettrai pas le Seigneur à l'épreuve »

Isaïe 7, 12 *(p. 127)*

Les rois voisins (Samarie et Damas) se révoltent contre le puissant royaume d'Assyrie et tentent d'enrôler dans leur camp le roi de Juda, Acaz. Mais Acaz préfère se soumettre à l'Assyrien. La réponse qu'il fait au prophète semble légitime : il ne veut pas douter de Dieu, le solliciter et « le mettre à l'épreuve » ! Mais ce n'est pas le respect de Dieu qui dicte la conduite d'Acaz ; au contraire, sa foi est déjà morte, car c'est au roi d'Assyrie désormais qu'il a juré fidélité. Il a échangé sa foi au Dieu d'Israël contre l'hommage rendu à son puissant ennemi. Et il habille la lâcheté de sa conduite d'un voile de piété qui n'est que mensonge. Le prophète répond durement : le salut ne viendra pas de l'Assyrie, il ne peut venir que de Dieu seul ! ■

Roselyne Dupont-Roc, bibliste

DIMANCHE 21 DÉCEMBRE 2025

4E DIMANCHE DE L'AVENT

ANNÉE A – COULEUR LITURGIQUE : VIOLET

« Joseph, fils de David, ne crains pas de prendre chez toi Marie, ton épouse. »

Matthieu 1, 20

Emmanuel ! Dieu-avec-nous ! Noël est à notre porte. Une fête remplie d'espérance. Car il vient, le Messie espéré par des générations de prophètes. Il vient, Jésus, Le-Seigneur-Sauve, celui qui vient sauver son peuple de ses péchés. Avec Marie qui attend l'Enfant-Dieu, avec Joseph qui accueille en sa vie les mystérieux desseins de Dieu, rendons belle notre demeure intérieure pour celui qui vient.

RITES INITIAUX

Chant d'entrée *(Suggestions p. 254)*

OU

Antienne d'ouverture

Cieux, distillez d'en haut votre rosée, que descende le Juste, comme une pluie, que la terre s'ouvre, et que germe le Sauveur.
(cf. Is 45, 8)

Suggestion de préparation pénitentielle *(ou p. 226)*

Le Seigneur vient sauver son peuple de ses péchés. Avec confiance, tournons-nous vers Dieu et reconnaissons que nous sommes pécheurs.

Seigneur Jésus, toi qui viens dans le monde pour sauver ton peuple, toi qui es l'Emmanuel, Dieu-avec-nous, accorde-nous ton pardon.

— Nous avons péché contre toi.

Toi qui nous appelles à être saints, toi qui nous fais don de ta grâce et de ta paix, montre-nous ta miséricorde.

— Et nous serons sauvés.

Que Dieu tout-puissant nous fasse miséricorde ; qu'il nous pardonne nos péchés et nous conduise à la vie éternelle. ***— Amen.***

Pendant l'Avent, on omet le Gloire à Dieu.

Prière

Nous te prions, Seigneur, de répandre ta grâce en nos cœurs ; par le message de l'Ange, tu nous as fait connaître l'incarnation de ton Fils bien-aimé ; conduis-nous par sa passion et par sa croix jusqu'à la gloire de la résurrection. Par Jésus… – ***Amen.***

LITURGIE DE LA PAROLE

Lecture du livre du prophète Isaïe (7, 10-16)

« Voici que la vierge est enceinte »

En ces jours-là, le Seigneur parla ainsi au roi Acaz : « Demande pour toi un signe de la part du Seigneur ton Dieu, au fond du séjour des morts ou sur les sommets, là-haut. » Acaz répondit : « Non, je n'en demanderai pas, je ne mettrai pas le Seigneur à l'épreuve. » Isaïe dit alors : « Écoutez, maison de David ! Il ne vous suffit donc pas de fatiguer les hommes : il faut encore que vous fatiguiez mon Dieu ! C'est pourquoi le Seigneur lui-même vous donnera un signe : Voici que la vierge est enceinte, elle enfantera un fils, qu'elle appellera Emmanuel (c'est-à-dire : Dieu-avec-nous). De crème et de miel il se nourrira, jusqu'à ce qu'il sache rejeter le mal et choisir le bien. Avant que cet enfant sache rejeter le mal et choisir le bien, la terre dont les deux rois te font trembler sera laissée à l'abandon. »

– Parole du Seigneur.

Psaume 23 (24)

℟ *Qu'il vienne, le Seigneur : c'est lui, le roi de gloire !*

T. : AELF ; M. : B. Delattre ; Éd. : ADF.

Au Seigneur, le monde et sa richesse,
la terre et tous ses habitants !
C'est lui qui l'a fondée sur les mers
et la garde inébranlable sur les flots. ℟

Qui peut gravir la montagne du Seigneur
et se tenir dans le lieu saint ?
L'homme au cœur pur, aux mains innocentes,
qui ne livre pas son âme aux idoles. ℟

Il obtient, du Seigneur, la bénédiction,
et de Dieu son Sauveur, la justice.
Voici le peuple de ceux qui le cherchent !
Voici Jacob qui recherche ta face ! ℟

Écoutez ce psaume sur www.prionseneglise.fr/messe-du-dimanche

Lecture de la lettre de saint Paul apôtre aux Romains (1, 1-7)

Jésus Christ, né de la descendance de David, et Fils de Dieu

Paul, serviteur du Christ Jésus, appelé à être Apôtre, mis à part pour l'Évangile de Dieu, à tous les bien-aimés de Dieu qui sont à Rome.

Cet Évangile, que Dieu avait promis d'avance par ses prophètes dans les Saintes Écritures, concerne son Fils qui, selon la chair, est né de la descendance de David et, selon l'Esprit de sainteté, a été établi dans sa puissance de Fils de Dieu par sa résurrection d'entre les morts, lui, Jésus Christ, notre Seigneur.

Pour que son nom soit reconnu, nous avons reçu par lui grâce et mission d'Apôtre, afin d'amener à l'obéissance de la foi toutes les nations païennes, dont vous faites partie, vous aussi que Jésus Christ a appelés.

À vous qui êtes appelés à être saints, la grâce et la paix de la part de Dieu notre Père et du Seigneur Jésus Christ.

– Parole du Seigneur.

Acclamation de l'Évangile

Alléluia. Alléluia. Voici que la Vierge concevra : elle enfantera un fils, on l'appellera Emmanuel, « Dieu-avec-nous ». ***Alléluia.***

T. : AELF; M. : P. Robert.

Évangile de Jésus Christ selon saint Matthieu (1, 18-24)

Jésus naîtra de Marie, accordée en mariage à Joseph, fils de David

Voici comment fut engendré Jésus Christ : Marie, sa mère, avait été accordée en mariage à Joseph ; avant qu'ils aient habité ensemble, elle fut enceinte par l'action de l'Esprit Saint. Joseph, son époux, qui était un homme juste, et ne voulait pas la dénoncer publiquement, décida de la renvoyer en secret. Comme il avait formé ce projet, voici que l'ange du Seigneur lui apparut en songe et lui dit : « Joseph, fils de David, ne crains pas de prendre chez toi Marie, ton épouse, puisque l'enfant qui est engendré en elle vient de l'Esprit Saint ; elle enfantera un fils, et tu lui donneras le nom de Jésus (c'est-à-dire : Le-Seigneur-sauve), car c'est lui qui sauvera son peuple de ses péchés. »

Tout cela est arrivé pour que soit accomplie la parole du Seigneur prononcée par le prophète : *Voici que la Vierge concevra, et elle enfantera un fils ; on lui donnera le nom d'Emmanuel,* qui se traduit : « Dieu-avec-nous ».
Quand Joseph se réveilla, il fit ce que l'ange du Seigneur lui avait prescrit : il prit chez lui son épouse.

Homélie

Profession de foi *(p. 229)*

Suggestion de prière universelle

Le prêtre :
Le Sauveur, l'Emmanuel, veut nous combler de ses bénédictions. D'un même cœur, tournons-nous vers lui. Prions-le pour les habitants du monde, spécialement pour ceux qui souffrent ou sont dans la peine.

℟ ***Avec Marie ta mère, nous te supplions.***

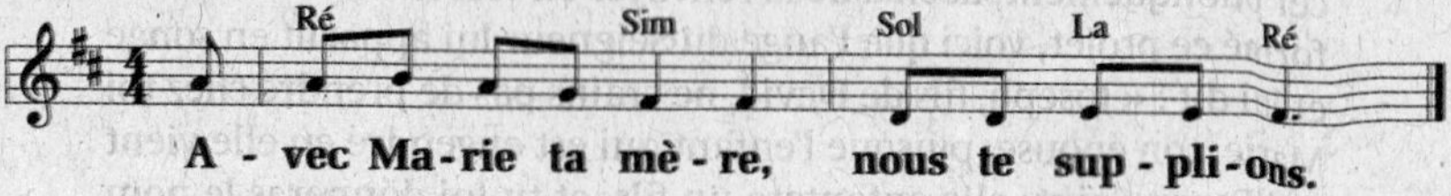

Bayard Liturgie ; M. : M. Wackenheim.

Le diacre ou un lecteur :

Ô Emmanuel, Dieu-avec-nous, toi qui veilles sur ton Église, tu lui apprends à se rendre proche des hommes et des femmes de notre temps. Pour notre pape, notre évêque et tous nos pasteurs, nous te prions. ℟

Ô Jésus Sauveur, toi qui te penches sur ceux qui souffrent, tu veux que tous les hommes et toutes les femmes vivent dans la paix et la justice. Pour nos responsables politiques, appelés à prendre soin de tous les citoyens, nous te prions. ℟

Ô Fils de Marie et de Joseph, toi qui as traversé la vie, de l'enfance à l'âge adulte, tu as grandi dans une famille aimante. Pour les enfants et les adolescents rejetés, violentés, sans foyer, nous te prions. ℟

Ô Christ, toi dont nous fêtons bientôt la venue dans le monde, tu bénis tous les enfants et toutes les familles. Pour les enfants de notre assemblée et pour les parents qui attendent un enfant, nous te prions. ℟

(Ces intentions seront adaptées ou modifiées selon les circonstances. On peut aussi s'inspirer de l'intention universelle du Saint-Père, p. 6.)

Le prêtre :

Seigneur Jésus, nous allons bientôt fêter ta venue. Nous t'en prions, daigne exaucer toutes nos demandes, toi qui vis et règnes pour les siècles des siècles. — ***Amen.***

LITURGIE EUCHARISTIQUE

Prière sur les offrandes

Ces offrandes déposées sur ton autel, Seigneur, que l'Esprit les sanctifie, lui dont la puissance a fécondé le sein de la bienheureuse Marie. Par le Christ, notre Seigneur. – ***Amen.***

Prière eucharistique (2e préface de l'Avent, p. 233)

Chant de communion (Suggestions p. 254)

OU

Antienne de la communion

Voici que la Vierge concevra, elle enfantera un fils, auquel on donnera le nom d'Emmanuel : Dieu-avec-nous. (Is 7, 14 ; Mt 1, 23)

Prière après la communion

Après avoir reçu le gage de la rédemption éternelle, Dieu tout-puissant, nous te prions : à mesure qu'approche le jour où nous fêterons le salut, donne-nous une ferveur de plus en plus grande, pour célébrer dignement le mystère de la nativité de ton Fils. Lui qui… – ***Amen.***

RITE DE CONCLUSION

Bénédiction solennelle (p. 52) *et envoi*

COMMENTAIRE DU DIMANCHE
Karem Bustica, rédactrice en chef de *Prions en Église*

Le sommeil de Joseph

Peu après son élection en 2013, le pape François nous confiait sa dévotion personnelle à « saint Joseph le rêveur ». Une statuette du saint, couché et en dormi, probablement inspirée du récit de l'évangile d'aujourd'hui, accompagnait la prière du tout jeune pontife. C'est ce saint discret et peu bavard, solide et sur qui on peut compter en toutes circonstances, que la liturgie nous fait rencontrer en ce quatrième dimanche de l'Avent.

Joseph le « juste » vit en conformité avec la volonté de Dieu et cette volonté est habitée par la miséricorde : pas question pour lui de dénoncer sa femme. L'intervention de l'ange dans son sommeil révèle qu'il doit s'ouvrir à une autre logique, celle de la foi. Joseph est invité à accueillir un mystère qu'il ne comprend pas, mais qui lui est confié. Il devient ainsi le gardien du désir créateur de Dieu.

•••

••• Le sommeil de Joseph est un rendez-vous avec Dieu. Joseph ne dort pas, il prie. Il s'abandonne à Dieu et se laisse habiter par lui. Dès le réveil, Joseph agit. Son obéissance est immédiate, totale, silencieuse. Sa discrétion, efficace et fiable. Dieu peut compter sur Joseph pour que son Messie soit reconnu comme fils de David, et pour que le cours de l'histoire soit à jamais transformé.

Nous sommes appelés à devenir, nous aussi, gardiens du mystère de Dieu dans notre monde. Et à nous rappeler que la foi n'est pas d'abord une compréhension intellectuelle, mais une adhésion confiante à la parole de Dieu, qui transforme la vie.

Que m'inspire ce récit, à l'approche de Noël ?
Quelles interrogations suscite-t-il ?
Ai-je identifié la manière dont Dieu m'appelle ?
Qu'est-ce qui me touche dans la personne de Joseph ? ■

Prions en Église junior

LIRE L'ÉVANGILE AVEC LES ENFANTS

CE QUE JE DÉCOUVRE

Joseph ne comprend pas... Comment se fait-il que Marie soit enceinte, alors qu'ils ne vivent pas encore ensemble ? Grâce à l'ange du Seigneur, Joseph comprend que les promesses qu'il a lues dans la Bible vont se réaliser : **Marie va devenir la maman du Sauveur que tout le monde attend. Jésus est le Fils de Dieu.** Joseph ne parle pas beaucoup. Dans le silence, il attend ; il a confiance en Dieu, qui fait toujours de grandes choses avec discrétion. Alors Joseph prend Marie chez lui, il prendra soin de Jésus. Ainsi, il participe, lui aussi, au projet d'amour de Dieu pour nous.

CE QUE JE VIS

Quelles questions gardes-tu au fond de toi ?
Quelles personnes t'aident à mieux comprendre le monde ?
En silence, confie à Dieu toutes les choses que tu n'as pas comprises.

Texte : Cédric Kuntz. Illustrations : Marcelino Truong

21 - 27

MÉDITATION BIBLIQUE
4E DIMANCHE DE L'AVENT
Évangile selon saint Matthieu 1, 18-24

Quand la Parole s'accomplit

L'évangile nous incite à méditer sur les noms de Jésus – dont aucun ne dit pleinement son mystère de Verbe incarné – ainsi que sur l'accomplissement en sa personne des promesses de l'Ancien Testament.

Le temps de la préparation

« Que ta promesse assure mes pas : qu'aucun mal ne triomphe de moi ! » (Ps 118, 133)

Le temps de l'observation

Dans le récit de l'enfance, l'évangéliste Matthieu accorde une place importante à Joseph, gratifié de trois songes (cf. Mt 1 – 2). N'est-il pas celui qui introduit Jésus dans la lignée davidique, à laquelle doit appartenir le Messie, l'Oint du Seigneur ? Chargé de donner son nom à l'enfant à naître, Joseph l'appelle « Jésus ». Un nom dont la signification ne peut s'épuiser, qui dit le dessein de salut de Dieu sur l'humanité et qui invite à ouvrir les yeux sur les merveilles de Dieu. Un nom qui peut prêter à confusion dans le contexte d'une Palestine occupée par les Romains, n'était la précision : « C'est lui qui sauvera son peuple de ses péchés. » Un autre nom qualifie cet enfant : « Emmanuel », Dieu-avec-nous, que nous retrouverons en finale de l'évangile de Matthieu, quand le Ressuscité dira à ses disciples : « Je suis avec vous tous les jours, jusqu'à la fin des temps » (Mt 28, 20).

Le temps de la méditation

Deux noms riches de promesses qu'il nous appartient d'accueillir et de laisser s'accomplir en nos vies. Si la question de la présence ou de l'absence du Christ nous interpelle assez directement, celle de sa mission de salut telle que formulée par Matthieu est peut-être moins claire aujourd'hui, où la notion de péché est souvent associée à une culpabilité morbide que nous refusons à juste titre. Mais reconnaître le Christ comme Sauveur, n'est-ce pas reconnaître notre impuissance à aimer et à nous alléger du poids de nous-mêmes – autant dire reconnaître notre impuissance à accéder par nos seules forces à la plénitude de la vie ? Les auteurs spirituels nous apprennent que, si cette reconnaissance susceptible de briser notre cuirasse d'autosuffisance est douloureuse, elle peut aussi devenir une source de joie : celle de percevoir l'amour inconditionnel de Dieu. Quant à la présence du Seigneur à nos côtés, elle relève d'une affirmation de foi. Nous pouvons l'expérimenter si nous la demandons et lui laissons une place pour qu'elle se manifeste dans notre quotidien.

Le temps de la prière

Seigneur, « ta promesse
me fait vivre. » (Ps 119, 50) ■

Emmanuelle Billoteau, ermite

DES IMAGES POUR LA FOI

4[E] DIMANCHE DE L'AVENT

« Il a habité parmi nous »

Loin des nativités aux éléments pittoresques, cet ivoire, où se mêlent influences romanes et byzantines, invite à s'ouvrir dans la foi au mystère de Noël.

La Vierge est au centre de l'image. Elle vient de donner naissance à un fils et reste allongée sur une sorte de divan pour se remettre de l'accouchement. Joseph se tient aux côtés de son épouse; comme la servante en face de lui, d'un air dubitatif, il laisse reposer sa tête dans sa main. Marie se tourne vers lui : elle l'invite à accueillir avec les yeux de la foi ces événements incompréhensibles à échelle humaine. De ses yeux soulignés par de petites perles de verre, le bœuf cherche notre regard pour nous faire entrer nous aussi dans ce mystère. Avec son compère l'âne, ils veillent sur le petit qui vient de naître. Au-dessus de lui, le ciel discrètement ouvert laisse paraître une étoile, signe que le Fils de Dieu, « en venant dans le monde » est « la vraie lumière qui éclaire tout homme » (Jn 1, 9). Mais une ombre se projette déjà sur cet avènement : la crèche ressemble à un tombeau, les langes font penser aux bandelettes qui servent à ensevelir les morts. La lumière de la Résurrection sera précédée de la nuit de la Passion. Par le baptême, préfiguré par l'amphore au premier plan, les disciples du Christ seront associés à ce mystère. ■ **Dominique Pierre**

C'est avec beaucoup de joie que je t'offre un abonnement d'un an à *Prions en Église*.

Chaque mois,
tu recevras la revue
dans ta boîte aux lettres
et tous les jours,
tu pourras consulter
les contenus numériques
dans l'application et sur le site.

De la part de

....

Pour

....

« Car Dieu a tellement aimé le monde qu'il a donné
son Fils unique, afin que quiconque croit en lui
ne se perde pas, mais obtienne la vie éternelle. »

Jean 3,16

PARPRIDEC25 FP

La Nativité, anonyme (XIe-XIIe siècles), plaque d'ivoire, musée diocésain de Salerne (Italie).

LUNDI 22 DÉCEMBRE 2025

4E SEMAINE DE L'AVENT COULEUR LITURGIQUE : VIOLET

Temps de l'Avent, *messe du jour*

Antienne d'ouverture

Portes, levez vos frontons,
élevez-vous, portes éternelles :
qu'il entre, le roi de gloire !
(Ps 23, 7)

Prière

Seigneur Dieu, par la venue de ton Fils unique, tu as voulu racheter l'homme déchu, que tu voyais soumis à la mort ; accorde à ceux qui reconnaissent humblement le mystère de son Incarnation de mériter d'avoir part aussi à la vie d'un tel Rédempteur. Lui qui… ***— Amen.***

Lecture

du premier livre de Samuel (1, 24-28)

Anne rend grâce pour la naissance de son fils Samuel

En ces jours-là, lorsque Samuel fut sevré, Anne, sa mère, le conduisit à la maison du Seigneur, à Silo ; l'enfant était encore tout jeune. Anne avait pris avec elle un taureau de trois ans, un sac de farine et une outre de vin. On offrit le taureau en sacrifice, et on amena l'enfant au prêtre Éli. Anne lui dit alors : « Écoute-moi, mon seigneur, je t'en

prie ! Aussi vrai que tu es vivant, je suis cette femme qui se tenait ici près de toi pour prier le Seigneur. C'est pour obtenir cet enfant que je priais, et le Seigneur me l'a donné en réponse à ma demande. À mon tour je le donne au Seigneur pour qu'il en dispose. Il demeurera à la disposition du Seigneur tous les jours de sa vie. » Alors ils se prosternèrent devant le Seigneur.
– Parole du Seigneur.

Cantique 1 Samuel 2, 1, 4-5ab, 6-7, 8abcd

℟ ***Mon cœur exulte à cause du Seigneur : c'est lui qui me sauve.***

Mon cœur exulte à cause du Seigneur ;
mon front s'est relevé grâce à mon Dieu !
Face à mes ennemis, s'ouvre ma bouche :
oui, je me réjouis de ton salut ! ℟

L'arc des forts est brisé,
mais le faible se revêt de vigueur.
Les plus comblés s'embauchent pour du pain,
et les affamés se reposent. ℟

Le Seigneur fait mourir et vivre ;
il fait descendre à l'abîme et en ramène.
Le Seigneur rend pauvre et riche ;
il abaisse et il élève. ℟

De la poussière il relève le faible,
il retire le malheureux de la cendre
pour qu'il siège parmi les princes
et reçoive un trône de gloire. ℟

Acclamation de l'Évangile

Alléluia, Alléluia. Viens, Roi de l'univers, pierre angulaire de l'Église ! À l'homme que tu as pétri de la terre viens apporter le salut. ***Alléluia.***

Évangile de Jésus Christ

selon saint Luc (1, 46-56)

« Le Puissant fit pour moi des merveilles »

En ce temps-là, Marie rendit grâce au Seigneur en disant : « Mon âme exalte le Seigneur, exulte mon esprit en Dieu, mon Sauveur ! Il s'est penché sur son humble servante ; désormais tous les âges me diront bienheureuse. Le Puissant fit pour moi des merveilles ; Saint est son nom ! Sa miséricorde s'étend d'âge en âge sur ceux qui le craignent. Déployant la force de son bras, il disperse les superbes. Il renverse les puissants de leurs trônes, il élève les humbles. Il comble de biens les affamés, renvoie les riches les mains vides. Il relève Israël son serviteur, il se souvient de son amour de la promesse faite à nos pères, en faveur d'Abraham et sa descendance à jamais. »

Marie resta avec Élisabeth environ trois mois, puis elle s'en retourna chez elle.

Prière sur les offrandes

Confiants dans ta tendresse, Seigneur, nous approchons de ton autel avec respect en apportant nos présents ; puissions-nous, par un effet de ta grâce qui nous purifie, être renouvelés par ces mystères que nous célébrons. Par le Christ, notre Seigneur. ***— Amen.*** *2e préface de l'Avent, p. 233.*

Antienne de la communion
Mon âme exalte le Seigneur :
le Puissant fit pour moi
des merveilles.
(Lc 1, 46.49)

Prière après la communion
Que la communion à ton sacrement nous fortifie, Seigneur, afin que nous puissions, en faisant le bien, aller au-devant du Sauveur qui vient et mériter ainsi la récompense du bonheur promis. Par le Christ, notre Seigneur. — ***Amen.***

INVITATION

Le pape nous invite ce mois-ci à prier pour les chrétiens qui vivent dans des contextes de conflit. Je m'associe à cette intention *(lire p. 6)*.

COMMENTAIRE

Anne et Marie 1 Samuel 1, 24-28 ; Luc 1, 46-56

Anne et Marie ont de nombreux points communs : leurs maternités sont un don de Dieu, leurs fils sont consacrés au Seigneur et elles exultent dans la joie d'être ainsi élevées. Mais, alors qu'Anne chante une sagesse divine qui fait mourir et vivre, qui abaisse et qui élève, Marie dévoile la subversion de sa présence qui renverse les puissants et les riches. L'enfant qui va naître à Noël est du côté des humbles et des affamés. ■

Nicolas Tarralle*, prêtre assomptionniste*

MARDI 23 DÉCEMBRE 2025

4E SEMAINE DE L'AVENT COULEUR LITURGIQUE : VIOLET

Temps de l'Avent, *messe du jour*
(Saint Jean de Kenty)

Antienne d'ouverture

Un enfant va naître pour nous ; on l'appellera Dieu-Fort :
en lui seront bénies toutes les familles de la terre. (cf. Is 9, 5 ; Ps 71, 17)

Prière

Dieu éternel et tout-puissant, tandis que nous voyons approcher la naissance de ton Fils selon la chair, nous te prions : que ton Verbe fasse miséricorde aux indignes serviteurs que nous sommes, lui, Jésus le Christ, notre Seigneur, qui daigna prendre chair de la Vierge Marie et habiter parmi nous. Lui qui… — ***Amen.***

Lecture

du livre du prophète Malachie (3, 1-4.23-24)

« Je vais vous envoyer Élie le prophète, avant que vienne le jour du Seigneur »

Ainsi parle le Seigneur Dieu : Voici que j'envoie mon messager pour qu'il prépare le chemin devant moi ; et soudain viendra dans son Temple le Seigneur que vous cherchez. Le messager de l'Alliance que vous désirez, le voici qui vient – dit le Seigneur de l'univers. Qui pourra soutenir le jour de sa venue ? Qui pourra rester debout lorsqu'il se montrera ? Car il est pareil au feu du fondeur, pareil à la lessive des blanchisseurs. Il s'installera pour fondre et purifier : il purifiera les fils de Lévi, il les affinera

comme l'or et l'argent ; ainsi pourront-ils, aux yeux du Seigneur, présenter l'offrande en toute justice. Alors, l'offrande de Juda et de Jérusalem sera bien accueillie du Seigneur, comme il en fut aux jours anciens, dans les années d'autrefois. Voici que je vais vous envoyer Élie le prophète, avant que vienne le jour du Seigneur, jour grand et redoutable. Il ramènera le cœur des pères vers leurs fils, et le cœur des fils vers leurs pères, pour que je ne vienne pas frapper d'anathème le pays ! – Parole du Seigneur.

Psaume 24 (25)

℟ ***Redressez-vous et relevez la tête, car votre rédemption approche.***

Seigneur, enseigne-moi tes voies,
fais-moi connaître ta route.
Dirige-moi par ta vérité, enseigne-moi,
car tu es le Dieu qui me sauve. ℟

Il est droit, il est bon, le Seigneur,
lui qui montre aux pécheurs le chemin.
Sa justice dirige les humbles,
il enseigne aux humbles son chemin. ℟

Les voies du Seigneur sont amour et vérité
pour qui veille à son alliance et à ses lois.
Le secret du Seigneur est pour ceux
qui le craignent ;
à ceux-là, il fait connaître son alliance. ℟

Acclamation de l'Évangile

Alléluia, Alléluia. Viens, Espérance des nations, Sauveur de tous les peuples ! Viens sauver ce qui était perdu. ***Alléluia.***

Évangile de Jésus Christ

selon saint Luc (1, 57-66)

Naissance de Jean le Baptiste

Quand fut accompli le temps où Élisabeth devait enfanter, elle mit au monde un fils. Ses voisins et sa famille apprirent que le Seigneur lui avait montré la grandeur de sa miséricorde, et ils se réjouissaient avec elle. Le huitième jour, ils vinrent pour la circoncision de l'enfant. Ils voulaient l'appeler Zacharie, du nom de son père. Mais sa mère prit la parole et déclara : « Non, il s'appellera Jean. » On lui dit : « Personne dans ta famille ne porte ce nom-là ! » On demandait par signes au père comment il voulait l'appeler. Il se fit donner une tablette sur laquelle il écrivit : « Jean est son nom. » Et tout le monde en fut étonné. À l'instant même, sa bouche s'ouvrit, sa langue se délia : il parlait et il bénissait Dieu. La crainte saisit alors tous les gens du voisinage et, dans toute la région montagneuse de Judée, on racontait tous ces événements. Tous ceux qui les apprenaient les conservaient dans leur cœur et disaient : « Que sera donc cet enfant ? » En effet, la main du Seigneur était avec lui.

Prière sur les offrandes

Que cette offrande te soit agréable, Seigneur, elle qui nous introduit dans la plénitude du culte divin ; puissions-nous ainsi célébrer avec un esprit purifié la naissance de notre Rédempteur. Lui qui… — ***Amen.***

2e préface de l'Avent, p. 233.

Antienne de la communion

Voici que je me tiens à la porte,
et je frappe, dit le Seigneur.
Si quelqu'un entend ma voix
et ouvre la porte, j'entrerai chez lui;
je prendrai mon repas avec lui,
et lui avec moi.
(Ap 3, 20)

Prière après la communion

Dans ta bonté, accorde ta paix, Seigneur, à ceux que tu as rassasiés d'un aliment venu du ciel, pour que, gardant nos lampes allumées, nous puissions attendre la rencontre avec ton Fils bien-aimé qui vient. Lui qui… ***— Amen.***

INVITATION

Je prends le temps de me rappeler l'histoire de mon prénom et la raison pour laquelle mes parents l'ont choisi.

COMMENTAIRE

Question de voisinage — Luc 1, 57-66

Les gens du voisinage conservent dans leur cœur la mémoire d'une femme âgée et stérile devenue enceinte, d'un père muet pendant toute la grossesse et d'un enfant qui aurait dû porter un autre nom. La question qu'ils se posent trouve sa réponse dans des paroles qu'ils ont peut-être oubliées : les paroles de bénédiction des parents tout à la joie de présenter l'enfant. Ce que sera ce dernier leur a été révélé à la Visitation. ■

Nicolas Tarralle, prêtre assomptionniste

MERCREDI 24 DÉCEMBRE 2025

4E SEMAINE DE L'AVENT COULEUR LITURGIQUE : VIOLET

Temps de l'Avent, *messe du matin*

Antienne d'ouverture

Voici maintenant venue la plénitude des temps :
Dieu a envoyé son Fils sur la terre. (cf. Ga 4, 4)

Prière

Seigneur Jésus, nous t'en prions, hâte-toi, ne tarde plus : que ton avènement réconforte et relève ceux qui ont foi dans ta tendresse. Toi qui… — ***Amen.***

Lecture

du deuxième livre de Samuel (7, 1-5.8b-12.14a.16)

La royauté de David subsistera pour toujours devant la face du Seigneur

Le roi David habitait enfin dans sa maison. Le Seigneur lui avait accordé la tranquillité en le délivrant de tous les ennemis qui l'entouraient. Le roi dit alors au prophète Nathan : « Regarde ! J'habite dans une maison de cèdre, et l'arche de Dieu habite sous un abri de toile ! » Nathan répondit au roi : « Tout ce que tu as l'intention de faire, fais-le, car le Seigneur est avec toi. »
Mais, cette nuit-là, la parole du Seigneur fut adressée à Nathan : « Va dire à mon serviteur David : Ainsi parle le Seigneur : Est-ce toi qui me bâtiras une maison pour que j'y habite ? C'est moi qui t'ai pris au pâturage, derrière le troupeau, pour

que tu sois le chef de mon peuple Israël. J'ai été avec toi partout où tu es allé, j'ai abattu devant toi tous tes ennemis. Je t'ai fait un nom aussi grand que celui des plus grands de la terre. Je fixerai en ce lieu mon peuple Israël, je l'y planterai, il s'y établira et ne tremblera plus, et les méchants ne viendront plus l'humilier, comme ils l'ont fait autrefois, depuis le jour où j'ai institué des juges pour conduire mon peuple Israël. Oui, je t'ai accordé la tranquillité en te délivrant de tous tes ennemis. Le Seigneur t'annonce qu'il te fera lui-même une maison. Quand tes jours seront accomplis et que tu reposeras auprès de tes pères, je te susciterai dans ta descendance un successeur, qui naîtra de toi, et je rendrai stable sa royauté. Moi, je serai pour lui un père ; et lui sera pour moi un fils. Ta maison et ta royauté subsisteront toujours devant moi, ton trône sera stable pour toujours. »

– Parole du Seigneur.

Psaume 88 (89)

℟ ***Ton amour, Seigneur, sans fin je le chante !***

L'amour du Seigneur, sans f<u>i</u>n je le chante ;
ta fidélité, je l'ann<u>o</u>nce d'âge en âge.
Je le dis : C'est un amour bât<u>i</u> pour toujours ;
ta fidélité est plus st<u>a</u>ble que les cieux. ℟

« Avec mon élu, j'ai f<u>a</u>it une alliance,
j'ai juré à Dav<u>i</u>d, mon serviteur :
j'établirai ta dynast<u>i</u>e pour toujours,
je te bâtis un trône pour la su<u>i</u>te des âges. ℟

« Il me dira : "Tu <u>e</u>s mon Père,
mon Dieu, mon r<u>o</u>c et mon salut !"
Sans fin je lui garder<u>a</u>i mon amour,
mon alliance avec lu<u>i</u> sera fidèle. » ℟

Acclamation de l'Évangile

Alléluia, Alléluia. Viens, Soleil levant, splendeur de justice et lumière éternelle ! Illumine ceux qui habitent les ténèbres et l'ombre de la mort. ***Alléluia.***

Évangile de Jésus Christ

selon saint Luc (1, 67-79)

Le soleil levant nous visitera

En ce temps-là, à la naissance de Jean Baptiste, Zacharie, son père, fut rempli d'Esprit Saint et prononça ces paroles prophétiques : « Béni soit le Seigneur, le Dieu d'Israël, qui visite et rachète son peuple. Il a fait surgir* la force qui nous sauve dans la maison de David, son serviteur, comme il l'avait dit par la bouche des saints, par ses prophètes, depuis les temps anciens : salut qui nous arrache à l'ennemi, à la main de tous nos oppresseurs, amour qu'il montre envers nos pères, mémoire de son alliance sainte ; serment juré à notre père Abraham de nous rendre sans crainte, afin que, délivrés de la main des ennemis, nous le servions dans la justice et la sainteté, en sa présence, tout au long de nos jours.

« Toi aussi, petit enfant, tu seras appelé prophète du Très-Haut ; tu marcheras devant, à la face du Seigneur, et tu prépareras ses chemins, pour donner à son peuple de connaître le salut par la rémission de ses péchés, grâce à la tendresse, à l'amour de notre Dieu, quand nous visite l'astre d'en haut, pour illuminer ceux qui habitent les ténèbres et l'ombre de la mort, pour conduire nos pas au chemin de la paix. »

Prière sur les offrandes

Dans ta bonté, Seigneur, accepte les dons qui te sont offerts, pour qu'en y communiant, nous soyons délivrés de nos péchés et puissions attendre d'un cœur pur la venue glorieuse de ton Fils. Lui qui… **— *Amen.***

2e préface de l'Avent, p. 233.

Antienne de la communion

Béni soit le Seigneur, le Dieu d'Israël, qui a visité et racheté son peuple.

(cf. Lc 1, 68)

Prière après la communion

Tu nous as recréés, Seigneur, par ce don merveilleux qui vient de toi ; puisque nous célébrons déjà la naissance adorable de ton Fils, donne-nous d'accueillir dans la joie les biens éternels qu'il nous offre. Lui qui… **— *Amen.***

INVITATION

Je confie au Père les familles en détresse. Que la naissance de Jésus soit pour elles source de paix et de réconfort.

COMMENTAIRE

Un amour de toujours 2 Samuel 7, 1-5.8b-12.14a.16 ; Luc 1, 67-79

La stabilité de l'alliance de Dieu avec son peuple ne dépend pas d'une arche. Elle est fondée sur l'amour que le Seigneur lui porte, « un amour bâti pour toujours », dit le psalmiste. Zacharie reconnaît la descendance promise à David – qui délivre des ennemis – dans cet « amour qu'il montre envers nos pères » : son fils Jean Baptiste en prépare les chemins. Oui, Jésus est cette miséricorde en personne qui nous apporte la paix. ■

Nicolas Tarralle, prêtre assomptionniste

✲ CLÉ DE LECTURE

« Fait surgir » Luc 1, 69 *(p. 158)*

Le splendide cantique de Zacharie résume toute l'histoire de l'alliance entre Dieu et son peuple, une histoire dont Jean Baptiste est un maillon et qui conduit à Jésus. Cette continuité s'inscrit dans la forme et le vocabulaire même du poème : Luc écrit un nouveau psaume avec les mots de la Septante, traduction grecque des Écritures juives. Jésus est issu de la descendance de David, annoncée par le prophète Samuel, il accomplit la très ancienne promesse de Dieu à Abraham renouvelée au cours des siècles. En même temps, il est nouveauté absolue : il est l'astre qui se lève, annoncé par un autre Zacharie, le prophète. Dieu l'a fait surgir, littéralement « il l'a suscité », le verbe reprend celui de la première lecture (2 S 7, 12) et il sera celui de la Résurrection ! ■

Roselyne Dupont-Roc, bibliste

JEUDI 25 DÉCEMBRE 2025

NATIVITÉ DU SEIGNEUR – MESSE DE LA NUIT

ANNÉE A - COULEUR LITURGIQUE : BLANC

« Gloire à Dieu au plus haut des cieux, et paix sur la terre aux hommes, qu'Il aime. » Luc 2, 14

Gloire à Dieu au plus haut des cieux ! En cette nuit sainte, nous fêtons la naissance du Sauveur, du Conseiller merveilleux, du Prince de la Paix. Les anges annoncent en primeur cette Bonne Nouvelle à des pauvres, à des bergers en train de garder leurs troupeaux. Comme eux, avec un cœur de pauvre, chantons la gloire du Seigneur. En cette nuit, que la joie du Messie illumine nos vies.

RITES INITIAUX

Chant d'entrée *(Suggestions p. 254)*

OU

Antienne d'ouverture

Le Seigneur m'a dit : « Tu es mon Fils ;
moi, aujourd'hui, je t'ai engendré. » (Ps 2, 7)

OU

Tous ensemble, réjouissons-nous dans le Seigneur :
notre Sauveur est né sur terre !
Aujourd'hui, pour nous, descend du ciel la paix véritable !

Suggestion de préparation pénitentielle *(ou p. 226)*

En cette sainte nuit de Noël, tournons-nous vers le Seigneur avec un cœur de berger, avec un cœur de pauvre. Avec foi, demandons pardon à Dieu pour nos péchés.

Seigneur Jésus, en cette nuit très sainte, ton peuple qui marchait dans les ténèbres a vu se lever une grande lumière. Béni sois-tu et prends pitié de nous. – ***Béni sois-tu et prends pitié de nous.***

Ô Christ, en cette nuit très sainte, tu nous invites à renoncer à l'impiété et aux convoitises du monde. Béni sois-tu et prends pitié de nous. – ***Béni sois-tu et prends pitié de nous.***

Seigneur, en cette nuit très sainte, les anges annoncent la bonne nouvelle de ta naissance, toi notre Sauveur. Béni sois-tu et prends pitié de nous. – ***Béni sois-tu et prends pitié de nous.***

Que Dieu tout-puissant nous fasse miséricorde ; qu'il nous pardonne nos péchés et nous conduise à la vie éternelle. **— *Amen.***

Gloire à Dieu *(p. 228)*

Prière
Seigneur Dieu, tu as fait resplendir cette nuit très sainte des clartés de la vraie lumière ; nous t'en prions, puisque nous reconnaissons la splendeur des mystères du Christ sur la terre, accorde-nous aussi de goûter pleinement sa joie dans le ciel. Lui qui… **— *Amen.***

LITURGIE DE LA PAROLE

Lecture du livre du prophète Isaïe (9, 1-6)

« Un enfant nous est né »

Le peuple qui marchait dans les ténèbres a vu se lever une grande lumière ; et sur les habitants du pays de l'ombre, une lumière a resplendi. Tu as prodigué la joie, tu as fait grandir l'allégresse : ils se réjouissent devant toi, comme on se réjouit de la moisson, comme on exulte au partage du butin. Car le joug qui pesait sur lui, la barre qui meurtrissait son épaule, le bâton du tyran, tu les as brisés comme au jour de Madiane. Et les bottes qui frappaient le sol, et les manteaux couverts de sang, les voilà tous brûlés : le feu les a dévorés. Oui, un enfant nous est né, un fils nous a été

donné ! Sur son épaule est le signe du pouvoir ; son nom est proclamé : « Conseiller-merveilleux, Dieu-Fort, Père-à-jamais, Prince-de-la-Paix. » Et le pouvoir s'étendra, et la paix sera sans fin pour le trône de David et pour son règne qu'il établira, qu'il affermira sur le droit et la justice dès maintenant et pour toujours. Il fera cela, l'amour jaloux du Seigneur de l'univers ! – Parole du Seigneur.

Psaume 95 (96)

℟ ***Aujourd'hui, un Sauveur nous est né : c'est le Christ, le Seigneur.***

T. : AELF ; M. : T. Ospital ; Éd. : ADF.

Chantez au Seigneur un chant nouveau,
chantez au Seigneur, terre entière,
chantez au Seigneur et bénissez son nom ! ℟

De jour en jour, proclamez son salut,
racontez à tous les peuples sa gloire,
à toutes les nations ses merveilles ! ℟

Joie au ciel ! Exulte la terre !
Les masses de la mer mugissent,
la campagne tout entière est en fête. ℟

Les arbres des forêts dansent de joie
devant la face du Seigneur, car il vient,
car il vient pour juger la terre. ℟

Il jugera le monde avec justice
et les peuples selon sa vérité ! ℟

Écoutez ce psaume sur **www.prionseneglise.fr/messe-du-dimanche**

Lecture de la lettre de saint Paul apôtre à Tite (2, 11-14)

« La grâce de Dieu s'est manifestée pour tous les hommes »

Bien-aimé, la grâce de Dieu s'est manifestée pour le salut de tous les hommes. Elle nous apprend à renoncer à l'impiété et aux convoitises de ce monde, et à vivre dans le temps présent de

manière raisonnable, avec justice et piété, attendant que se réalise la bienheureuse espérance : la manifestation de la gloire de notre grand Dieu et Sauveur, Jésus Christ. Car il s'est donné pour nous afin de nous racheter de toutes nos fautes, et de nous purifier pour faire de nous son peuple, un peuple ardent à faire le bien.
– Parole du Seigneur.

Acclamation de l'Évangile

Alléluia. Alléluia. Je vous annonce une grande joie : Aujourd'hui vous est né un Sauveur qui est le Christ, le Seigneur ! ***Alléluia.***

UL31-13 ; T. : AELF ; M. : P. Robert ; Studio SM.

Évangile de Jésus Christ selon saint Luc (2, 1-14)

« Aujourd'hui vous est né un Sauveur »

En ces jours-là, parut un édit de l'empereur Auguste, ordonnant de recenser toute la terre – ce premier recensement eut lieu lorsque Quirinius était gouverneur de Syrie. Et tous allaient se faire recenser, chacun dans sa ville d'origine. Joseph, lui aussi, monta de Galilée, depuis la ville de Nazareth, vers la Judée, jusqu'à la ville de David appelée Bethléem. Il était en effet de la maison et de la lignée de David. Il venait se faire recenser avec Marie, qui lui avait été accordée en mariage et qui était enceinte.

Or, pendant qu'ils étaient là, le temps où elle devait enfanter fut accompli. Et elle mit au monde son fils premier-né ; elle l'emmaillota et le coucha dans une mangeoire, car il n'y avait pas de place pour eux dans la salle commune. Dans la même région, il y avait des bergers qui vivaient dehors et passaient la nuit dans les champs pour garder leurs troupeaux. L'ange du Seigneur se présenta devant eux, et la gloire du Seigneur les enveloppa de sa lumière. Ils furent saisis d'une grande crainte. Alors l'ange leur dit : « Ne craignez pas, car voici que je vous annonce une bonne nouvelle, qui sera une grande joie pour tout le peuple : Aujourd'hui, dans la ville de David, vous est né un Sauveur qui est le Christ, le Seigneur. Et voici le signe qui vous est donné : vous trouverez un nouveau-né emmailloté et couché dans une mangeoire. » Et soudain, il y eut avec l'ange une troupe céleste innombrable, qui louait Dieu en disant : « Gloire à Dieu au plus haut des cieux, et paix sur la terre aux hommes, qu'Il aime. »

Homélie

Profession de foi (p. 229)

Suggestion de prière universelle

Le prêtre :

C'est Noël. Un Sauveur nous est né. Avec assurance, tournons-nous vers notre Messie. Prions-le pour les hommes et les femmes de notre temps. Que sa grâce inonde la terre entière.

℟ ***Entends, Seigneur, la prière qui monte de nos cœurs.***

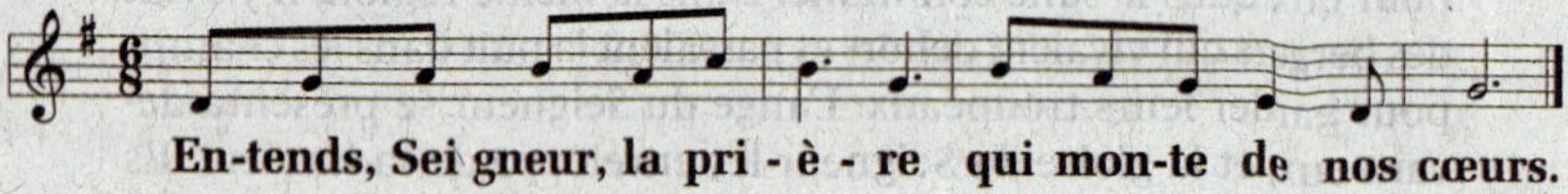

Bayard Liturgie.

Le diacre ou un lecteur :

C'est Noël. Le Conseiller merveilleux est venu dans le monde ! Pour que notre Église soit pour le monde un signe de consolation, d'espérance, de paix, de joie, de vie, ô Emmanuel, nous te prions. ℟

C'est Noël. Le Prince de la Paix est venu dans le monde ! Pour que nos chefs d'États mobilisent leurs énergies en faveur de la paix dans le monde entier, ô Emmanuel, nous te prions. ℟

C'est Noël. Les anges annoncent aux bergers la venue du Sauveur ! Pour que nous annoncions la Bonne Nouvelle de la venue du Messie, à temps et à contretemps, sans peur du jugement, ô Emmanuel, nous te prions. ℟

C'est Noël. Le Fils de Dieu est couché dans une mangeoire ! Pour que nos communautés chrétiennes prennent soin des sans-logis, des personnes isolées ou brisées par la souffrance, ô Emmanuel, nous te prions. ℟

(Ces intentions seront adaptées ou modifiées selon les circonstances. On peut aussi s'inspirer de l'intention universelle du Saint-Père, p. 6.)

Le prêtre :

Seigneur Jésus, toi dont nous célébrons la naissance en cette nuit très sainte, écoute nos prières et daigne les exaucer, toi qui vis et règnes pour les siècles des siècles. **— Amen.**

LITURGIE EUCHARISTIQUE

Prière sur les offrandes

Reçois favorablement, Seigneur, l'offrande présentée en cette nuit de fête, afin que, par ce mystérieux échange, nous soyons configurés à ton Fils en qui notre nature est unie à la tienne. Lui qui… **— Amen.**

Prière eucharistique *(Préface de la Nativité)*
Vraiment, il est juste et bon, pour ta gloire et notre salut, de t'offrir notre action de grâce, toujours et en tout lieu, Seigneur, Père très saint, Dieu éternel et tout-puissant. Car la révélation de ta gloire s'est éclairée pour nous d'une lumière nouvelle dans le mystère du Verbe incarné. Maintenant, nous connaissons en lui Dieu qui s'est rendu visible à nos yeux, et nous sommes entraînés par lui à aimer ce qui demeure invisible. C'est pourquoi, avec les anges et les archanges, avec les puissances d'en haut et tous les esprits bienheureux, nous chantons l'hymne de ta gloire et sans fin nous proclamons : ***Saint ! Saint ! Saint...***

Chant de communion *(Suggestions p. 254)*
OU
Antienne de la communion
Le Verbe s'est fait chair, et nous avons vu sa gloire.
(Jn 1, 14)

Prière après la communion
Joyeux de célébrer la naissance de notre Rédempteur, nous te prions, Seigneur notre Dieu : donne-nous de parvenir, par notre manière de vivre, à la communion avec lui, qui vit et règne pour les siècles des siècles. ***— Amen.***

RITE DE CONCLUSION

Bénédiction solennelle

Dans son infinie bonté, Dieu a dissipé les ténèbres du monde par l'incarnation de son Fils; par sa nativité glorieuse, il a fait resplendir cette nuit très sainte (ce jour très saint) : qu'il éloigne de vous les ténèbres des péchés, qu'il éclaire vos cœurs pour que vous pratiquiez le bien.

— *Amen.*

Il a voulu que l'Ange annonce aux bergers une grande joie : la naissance du Sauveur; qu'il mette en vos cœurs sa propre joie et vous envoie annoncer son Évangile.

— *Amen.*

Par l'incarnation de son Fils, il a scellé l'Alliance du ciel et de la terre : qu'il vous comble de sa paix et de sa bienveillance, qu'il vous unisse à l'Église du ciel.

— *Amen.*

Et que la bénédiction de Dieu tout-puissant, le Père, et le Fils, + et le Saint-Esprit, descende sur vous et y demeure toujours.

— *Amen.*

Envoi

COMMENTAIRE DE LA NUIT DE NOËL

Emmanuel Schwab, recteur du sanctuaire de Lisieux

Pour moi et pour toi

« En cette nuit [de Noël] où [Jésus] se fit faible et souffrant pour mon amour, il me rendit forte et courageuse. » Ainsi s'exprime sainte Thérèse de l'Enfant-Jésus. « Pour mon amour », quelle audace ! Une audace que peuvent partager tous ceux qui s'écrient avec saint Paul, comme l'Église nous y invite : « Le Fils de Dieu m'a aimé et s'est livré pour moi » (cf. Ga 2, 20).

« Pour moi » ; « pour mon amour ». C'est le grand mystère de la nuit de Noël. « Pour nous les hommes, et pour notre salut, il est descendu du ciel », chantons-nous dans le Credo. Pour nous, oui, mais pour moi ? Elle avait bien répondu à la question que je lui posais, cette petite fille qui se préparait à la première communion : « Oui, il aime tout le monde. » Je lui avais demandé si elle savait que Dieu l'aimait. « Mais toi, est-ce qu'il t'aime ? » Son assurance pâlit : « Je ne sais pas… » Combien feraient la même réponse ? « Homme, éveille-toi : pour toi, Dieu s'est fait homme », s'écrie saint Augustin dans la nuit de Noël. Oui, pour toi. Pour toi qui lis en ce moment ces quelques mots. Et quand tu comprends que pour toi Dieu s'est fait homme, tu comprends en même temps, dans le même mouvement intérieur, que chaque personne que tu rencontres est celle pour qui Dieu s'est fait homme. Devant chacun, tu peux dire : « Pour ton amour, Jésus s'est fait faible et souffrant pour te rendre fort et courageux. »

Par la méditation des Écritures, la visite au Saint-Sacrement, la fidélité aux sacrements, le service des plus pauvres, comment est-ce que j'accueille l'amour que Jésus me manifeste ?

Comment ma relation à Jésus éclaire au quotidien mes relations avec tous ceux que je côtoie ? ■

JEUDI 25 DÉCEMBRE 2025

NATIVITÉ DU SEIGNEUR – MESSE DU JOUR

ANNÉE A – COULEUR LITURGIQUE : BLANC

Le Verbe s'est fait chair. Dieu a visité son peuple ! À maintes reprises, Dieu avait parlé aux hommes par les prophètes. Mais, dans le Christ, Dieu a revêtu notre humanité, il s'est fait l'un de nous, il a partagé nos espérances, nos joies, nos peines, nos douleurs. En ce jour, accueillons la lumière de l'Emmanuel. Qu'elle éclaire nos existences d'un bonheur insondable.

RITES INITIAUX

Chant d'entrée *(Suggestions p. 254)*
OU
Antienne d'ouverture
Un enfant nous est né, un fils nous a été donné !
Sur son épaule est le signe du pouvoir ;
on proclame son nom : Ange du grand conseil.
(cf. Is 9, 5)

Suggestion de préparation pénitentielle *(ou p. 226)*
C'est Noël ! Réjouissons-nous ! La lumière du Sauveur vient illuminer nos ténèbres. D'un seul cœur, tournons-nous vers Dieu et reconnaissons notre péché.

Seigneur Jésus, toi le Dieu fidèle, tu es le vainqueur du mal et de la mort. Kyrie, eleison.
– Kyrie, eleison.
Ô Christ, toi qui consoles ton peuple, tu nous apportes le salut. Christe, eleison.
– Christe, eleison.
Seigneur, toi la vraie Lumière, tu nous donnes de devenir enfants de Dieu. Kyrie, eleison.
– Kyrie, eleison.

Que Dieu tout-puissant nous fasse miséricorde ; qu'il nous pardonne nos péchés et nous conduise à la vie éternelle. ***– Amen.***

Gloire à Dieu *(p. 228)*

Prière

Seigneur Dieu, tu as merveilleusement créé l'être humain dans sa dignité, et tu l'as rétabli plus merveilleusement encore : accorde-nous d'être unis à la divinité de ton Fils, qui a voulu prendre notre humanité. Lui qui… ***— Amen.***

LITURGIE DE LA PAROLE

Lecture du livre du prophète Isaïe (52, 7-10)

« Tous les lointains de la terre ont vu le salut de notre Dieu »

Comme ils sont beaux sur les montagnes, les pas du messager, celui qui annonce la paix, qui porte la bonne nouvelle, qui annonce le salut, et vient dire à Sion : « Il règne, ton Dieu ! » Écoutez la voix des guetteurs : ils élèvent la voix, tous ensemble ils crient de joie car, de leurs propres yeux, ils voient le Seigneur qui revient à Sion.

Éclatez en cris de joie, vous, ruines de Jérusalem, car le Seigneur console son peuple, il rachète Jérusalem ! Le Seigneur a montré la sainteté de son bras aux yeux de toutes les nations. Tous les lointains de la terre ont vu le salut de notre Dieu.

– Parole du Seigneur.

Psaume 97 (98)

℟ ***La terre tout entière a vu le salut que Dieu nous donne.***

T. : AELF ; M. : G. Previdi ; Éd. : ADF.

Chantez au Seigneur un chant nouveau,
car il a fait des merveilles ;
par son bras très saint, par sa main puissante,
il s'est assuré la victoire. ℟

Le Seigneur a fait connaître sa victoire
et révélé sa justice aux nations ;
il s'est rappelé sa fidélité, son amour,
en faveur de la maison d'Israël. ℟

Écoutez ce psaume sur
**www.prionseneglise.fr/
messe-du-dimanche**

℟ ***La terre tout entière a vu le salut que Dieu nous donne.***

La terre tout entière a vu
la victoire de notre Dieu.
Acclamez le Seigneur, terre entière,
sonnez, chantez, jouez ! ℟

Jouez pour le Seigneur sur la cithare,
sur la cithare et tous les instruments ;
au son de la trompette et du cor,
acclamez votre roi, le Seigneur ! ℟

Lecture de la lettre aux Hébreux (1, 1-6)

« Dieu nous a parlé par son Fils »

À bien des reprises et de bien des manières, Dieu, dans le passé, a parlé à nos pères par les prophètes ; mais à la fin, en ces jours où nous sommes, il nous a parlé par son Fils qu'il a établi héritier de toutes choses et par qui il a créé les mondes. Rayonnement de la gloire de Dieu, expression parfaite de son être, le Fils, qui porte l'univers par sa parole puissante, après avoir accompli la purification des péchés, s'est assis à la droite de la Majesté divine dans les hauteurs des cieux ; et il est devenu bien supérieur aux anges, dans la mesure même où il a reçu en héritage un nom si différent du leur. En effet, Dieu déclara-t-il jamais à un ange : Tu es mon Fils, moi, aujourd'hui, je t'ai engendré ? Ou

bien encore : Moi, je serai pour lui un père, et lui sera pour moi un fils ? À l'inverse, au moment d'introduire le Premier-né dans le monde à venir, il dit : Que se prosternent devant lui tous les anges de Dieu. – Parole du Seigneur.

Acclamation de l'Évangile

Alléluia. Alléluia. Aujourd'hui la lumière a brillé sur la terre. Peuples de l'univers, entrez dans la clarté de Dieu. Venez tous adorer le Seigneur ! ***Alléluia.***

UL31-13; T. : AELF; M. : P. Robert; Studio SM.

Évangile de Jésus Christ selon saint Jean (1, 1-18)

(Lecture brève : 1, 1-5. 9-14)

« Le Verbe s'est fait chair, il a habité parmi nous »

Au commencement était le Verbe, et le Verbe était auprès de Dieu, et le Verbe était Dieu. Il était au commencement auprès de Dieu. C'est par lui que tout est venu à l'existence, et rien de ce qui s'est fait ne s'est fait sans lui. En lui était la vie, et la vie était la lumière des hommes ; la lumière brille dans les ténèbres, et les ténèbres ne l'ont pas arrêtée.

Interruption de la lecture brève

Il y eut un homme envoyé par Dieu ; son nom était Jean. Il est venu comme témoin, pour rendre témoignage à la Lumière, afin que tous croient par lui. Cet homme n'était pas la Lumière, mais il était là pour rendre témoignage à la Lumière.

Reprise de la lecture brève

Le Verbe était la vraie Lumière, qui éclaire tout homme en venant dans le monde. Il était dans le monde, et le monde était venu par lui à l'existence, mais le monde ne l'a pas reconnu. Il est venu chez lui, et les siens ne l'ont pas reçu. Mais à tous ceux qui l'ont reçu, il a donné de pouvoir devenir enfants de Dieu, eux qui croient en son nom. Ils ne sont pas nés du sang, ni d'une volonté charnelle, ni d'une volonté d'homme : ils sont nés de Dieu. Et le Verbe s'est fait chair, il a habité parmi nous, et nous avons vu sa gloire, la gloire qu'il tient de son Père comme Fils unique, plein de grâce et de vérité.

Fin de la lecture brève

Jean le Baptiste lui rend témoignage en proclamant : « C'est de lui que j'ai dit : Celui qui vient derrière moi est passé devant moi, car avant moi il était. » Tous, nous avons eu part à sa plénitude, nous avons reçu grâce après grâce ; car la Loi fut donnée par Moïse, la grâce et la vérité sont venues par Jésus Christ.
Dieu, personne ne l'a jamais vu ; le Fils unique, lui qui est Dieu, lui qui est dans le sein du Père, c'est lui qui l'a fait connaître.

Homélie

Profession de foi (p. 229)

Suggestion de prière universelle

Le prêtre :

Noël ! le Verbe fait chair vient illuminer son peuple. En ce jour de joie, tournons-nous vers Jésus Emmanuel. Avec confiance, prions-le pour tous les habitants de la terre.

℟ ***Fils du Dieu vivant, exauce-nous !***

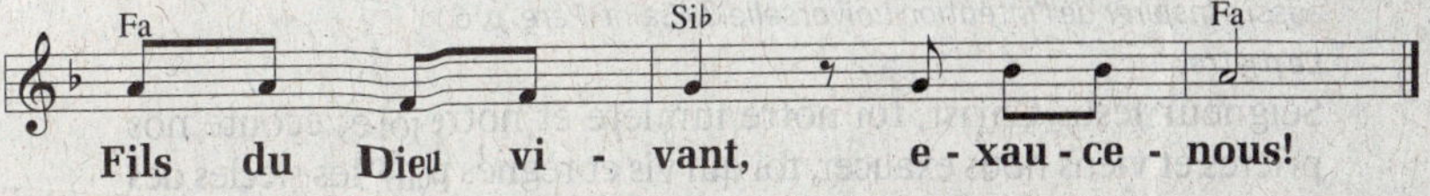

D. R. ; T. et M. : J. Gelineau.

℟ ***Fils du Dieu vivant, exauce-nous !***

Le diacre ou un lecteur :

Ô Jésus Sauveur, nous te prions pour les hommes et les femmes de notre temps qui cherchent un sens à leur existence. Que ta lumière illumine leurs cœurs et conduise les messagers de la Bonne Nouvelle. Ensemble, prions. ℟

Ô Jésus Messie, nous te remercions pour les artisans de paix et de réconciliation entre les peuples. Que ta lumière dissipe les ténèbres des guerres et inspire aux politiciens des chemins d'entente et de réconciliation. Ensemble, prions. ℟

Ô Jésus Seigneur, nous te prions pour les orphelins et pour les victimes de la guerre. Que l'espérance de Noël console tous ceux qui souffrent et qu'elle donne aux communautés chrétiennes un élan de fraternité. Ensemble, prions. ℟

Ô Jésus Emmanuel, nous te rendons grâce pour les enfants nés dans notre paroisse durant cette année. Que ta joie habite le cœur de tous les enfants et encourage leurs parents aux jours de fatigue. Ensemble, prions. ℟

(Ces intentions seront adaptées ou modifiées selon les circonstances. On peut aussi s'inspirer de l'intention universelle du Saint-Père, p. 6.)

Le prêtre :

Seigneur Jésus Christ, toi notre lumière et notre joie, écoute nos prières et viens nous exaucer, toi qui vis et règnes pour les siècles des siècles. — ***Amen.***

LITURGIE EUCHARISTIQUE

Prière sur les offrandes

Que l'offrande présentée en ce jour de solennité te soit agréable, Seigneur, car elle nous a réconciliés avec toi, parfaitement rétablis dans ta paix, et introduits dans la plénitude de l'adoration véritable. Par le Christ, notre Seigneur. — ***Amen.***

Prière eucharistique *(Préface de la Nativité, p. 234)*

Chant de communion *(Suggestions p. 254)*

OU

Antienne de la communion

Tous les lointains de la terre ont vu le salut de notre Dieu.
(cf. Ps 97, 3)

Prière après la communion

Dieu de miséricorde, nous t'en prions : puisque le Sauveur du monde, en naissant aujourd'hui, nous fait naître à la vie divine, que sa générosité nous accorde aussi l'immortalité. Lui qui… — ***Amen.***

RITE DE CONCLUSION

Bénédiction solennelle *(p. 171)* *et envoi*

COMMENTAIRE DU JOUR DE NOËL

Marie-Dominique Trébuchet, théologienne,
Institut catholique de Paris

Une autre réalité

« Au commencement était le Verbe […] Et le Verbe s'est fait chair. » Comment prendre la mesure d'une telle Parole ? Ce Jésus Christ venu habiter parmi nous était au commencement ? Que comprendre à cela ? Notre raison scientifique résiste fort. Et pourtant. Dieu de toute éternité, Verbe entré dans l'histoire et devenu l'un de nous : ces deux articles de foi nous introduisent à un autre regard sur le réel. Benoît XVI l'écrit ainsi dans *Verbum Domini* (§9) : la réalité naît de la Parole (Verbe fait chair). Notre réalité humaine est une réalité de relation et d'amour créée, voulue de toute éternité, venue par le Verbe à l'existence. Il n'est pas facile, dans une société de surexposition à l'information qui sature nos esprits de faits bruts, d'ouvrir notre intelligence à cet autre rapport au monde.

Comment faire pour recevoir la puissance de conversion de cette Parole ? Les textes de ce jour de Noël peuvent opérer cela en nous : nous convertir à la réalité d'amour et de justice que Jésus Christ est venu inaugurer. Partout où nous en sommes témoins, partout où nous en sommes acteurs, en tous lieux où l'on lutte contre les ténèbres de la guerre et du mal, nous voyons la réalité voulue par Dieu, fruit de la lumière qui donne vie de toute éternité. Le Verbe est le principe de la réalité vivante d'amour et de pardon, principe de création.

~

« Et le Verbe s'est fait chair », cette affirmation de foi teinte-t-elle le rapport que j'ai à moi-même et aux autres ?

M'aide-t-elle à mieux faire le lien entre ma foi au Christ et l'existence de tout être humain ? ■

VENDREDI 26 DÉCEMBRE 2025

TEMPS DE NOËL COULEUR LITURGIQUE : ROUGE

Saint Étienne

Ier siècle. Diacre, mort lapidé peu après la résurrection du Christ. Vénéré comme le premier martyr de l'Église.

Antienne d'ouverture

Pour lui, les portes du ciel se sont ouvertes : premier de tous les martyrs, il reçoit dans les cieux la couronne du vainqueur.

Gloire à Dieu (p. 228)

Prière

Puisque nous célébrons la naissance au ciel du bienheureux Étienne qui a su prier pour ses persécuteurs, donne-nous, Seigneur, d'imiter ce que nous célébrons pour apprendre à aimer jusqu'à nos ennemis. Par Jésus… — ***Amen.***

Lectures propres à la fête de saint Étienne.

Lecture

du livre des Actes des Apôtres (6, 8-10 ; 7, 54-60)

« Voici que je contemple les cieux ouverts »

En ces jours-là, Étienne, rempli de la grâce et de la puissance de Dieu, accomplissait parmi le peuple des prodiges et des signes éclatants. Intervinrent alors certaines gens de la synagogue dite des Affranchis, ainsi que des Cyrénéens et des Alexandrins, et aussi des gens originaires de Cilicie et de la province d'Asie. Ils se mirent à discuter avec

Étienne, mais sans pouvoir résister à la sagesse et à l'Esprit qui le faisaient parler. Ceux qui écoutaient ce discours avaient le cœur exaspéré et grinçaient des dents contre Étienne. Mais lui, rempli de l'Esprit Saint, fixait le ciel du regard : il vit la gloire de Dieu, et Jésus debout à la droite de Dieu. Il déclara : « Voici que je contemple les cieux ouverts et le Fils de l'homme debout à la droite de Dieu. » Alors ils poussèrent de grands cris et se bouchèrent les oreilles. Tous ensemble, ils se précipitèrent sur lui, l'entraînèrent hors de la ville et se mirent à le lapider. Les témoins avaient déposé leurs vêtements aux pieds d'un jeune homme appelé Saul. Étienne, pendant qu'on le lapidait, priait ainsi : « Seigneur Jésus, reçois mon esprit. » Puis, se mettant à genoux, il s'écria d'une voix forte : « Seigneur, ne leur compte pas ce péché. » Et, après cette parole, il s'endormit dans la mort.
– Parole du Seigneur.

Psaume 30 (31)

℞ ***En tes mains, Seigneur, je remets mon esprit.***

Sois le rocher qui m'abrite,
la maison fortifiée qui me sauve.
Pour l'honneur de ton nom,
tu me guides et me conduis. ℞

En tes mains je remets mon esprit ;
tu me rachètes, Seigneur, Dieu de vérité.
Ton amour me fait danser de joie :
devant moi, tu as ouvert un passage. ℞

Sur ton serviteur, que s'illumine ta face ;
sauve-moi par ton amour.
Tu combles, à la face du monde,
ceux qui ont en toi leur refuge. ℞

Acclamation de l'Évangile

Alléluia. Alléluia. Béni soit au nom du Seigneur, celui qui vient ; Dieu, le Seigneur, nous illumine. ***Alléluia.***

Évangile de Jésus Christ

selon saint Matthieu (10, 17-22)

« Ce n'est pas vous qui parlerez, c'est l'Esprit de votre Père »

En ce temps-là, Jésus disait à ses Apôtres : « Méfiez-vous des hommes : ils vous livreront aux tribunaux et vous flagelleront dans leurs synagogues. Vous serez conduits devant des gouverneurs et des rois à cause de moi : il y aura là un témoignage pour eux et pour les païens. Quand on vous livrera, ne vous inquiétez pas de savoir ce que vous direz ni comment vous le direz : ce que vous aurez à dire vous sera donné à cette heure-là. Car ce n'est pas vous qui parlerez, c'est l'Esprit de votre Père qui parlera en vous. Le frère livrera son frère à la mort, et le père, son enfant ; les enfants se dresseront contre leurs parents et les feront mettre à mort. Vous serez détestés de tous à cause de mon nom ; mais celui qui aura persévéré jusqu'à la fin, celui-là sera sauvé. »

Prière sur les offrandes

Nous t'en prions, Seigneur, accepte les offrandes que nous te présentons de grand cœur en ce jour où nous y invite la glorieuse mémoire du bienheureux Étienne, ton martyr. Par le Christ, notre Seigneur. — ***Amen.***

Préface de la Nativité, p. 234.

Antienne de la communion
Étienne, pendant qu'on le lapidait, priait ainsi : « Seigneur Jésus, reçois mon esprit. »
(Ac 7, 59)

Prière après la communion
Seigneur, nous te rendons grâce pour les multiples gestes de ta miséricorde envers nous, toi qui nous sauves par la nativité de ton Fils et nous réjouis par la célébration du bienheureux Étienne, ton martyr. Par le Christ, notre Seigneur. – ***Amen.***

INVITATION

Avec saint Étienne, je m'unis à tous les martyrs, ceux d'hier et ceux d'aujourd'hui.

COMMENTAIRE

Réunion céleste Actes 6, 8-10 ; 7, 54-60 ; Matthieu 10, 17-22

En fêtant saint Étienne au lendemain de la Nativité, l'Église rappelle que la sagesse de l'Esprit du Père, traversant l'aveuglement des hommes, mène à la gloire de Jésus. Certes, l'horizon humain de l'enfant, comme celui des disciples, est une furie de mort marquée par des cris et des trahisons. Mais la naissance sur terre du Fils de Dieu rend possible la naissance au ciel d'un fils d'homme : le disciple imite et rejoint son maître. ■

***Nicolas Tarralle**, prêtre assomptionniste*

SAMEDI 27 DÉCEMBRE 2025

TEMPS DE NOËL COULEUR LITURGIQUE : BLANC

Saint Jean

Ier siècle. Frère de saint Jacques le Majeur. Lors de la crucifixion, Jésus lui confia Marie. Le quatrième évangile et le livre de l'Apocalypse lui sont attribués.

Antienne d'ouverture

Célébrons Jean : au cours de la dernière Cène,
il reposa sur la poitrine du Seigneur ;
heureux l'Apôtre à qui furent révélés les secrets du ciel :
par lui se répandit sur toute la terre la parole de vie.

OU

Dans son Église, le Seigneur lui a donné la parole ;
il l'a rempli de l'esprit de sagesse et d'intelligence,
et l'a revêtu de gloire. (cf. Si 15, 5)

Gloire à Dieu *(p. 228)*

Prière

Seigneur Dieu, tu nous as ouvert les profondeurs ineffables de ton Verbe grâce au bienheureux apôtre Jean ; nous t'en prions, accorde-nous de saisir avec une intelligence éclairée la parole qu'il a si bien fait retentir à nos oreilles. Par Jésus…
— Amen.

Lectures propres à la fête de saint Jean.

Lecture

de la première lettre de saint Jean (1, 1-4)

« Ce que nous avons vu et entendu, nous vous l'annonçons »

Bien-aimés, ce qui était depuis le commencement, ce que nous avons entendu, ce que nous avons vu de nos yeux, ce que nous avons contemplé et que nos mains ont touché du Verbe de vie, nous vous l'annonçons. Oui, la vie s'est manifestée, nous l'avons vue, et nous rendons témoignage : nous vous annonçons la vie éternelle qui était auprès du Père et qui s'est manifestée à nous. Ce que nous avons vu et entendu, nous vous l'annonçons à vous aussi, pour que, vous aussi, vous soyez en communion avec nous.

Or nous sommes, nous aussi, en communion avec le Père et avec son Fils, Jésus Christ. Et nous écrivons cela, afin que notre joie soit parfaite.

– Parole du Seigneur.

Psaume 96 (97)

℟ ***Que le Seigneur soit votre joie, hommes justes !***

Le Seigneur est roi ! Exulte la terre !
Joie pour les îles sans nombre !
Ténèbre et nuée l'entourent,
justice et droit sont l'appui
de son trône. ℟

Les montagnes fondaient
comme cire devant le Seigneur,
devant le Maître de toute la terre.
Les cieux ont proclamé sa justice,
et tous les peuples ont vu sa gloire. ℟

Une lumière est semée pour le juste,
et pour le cœur simple, une joie.
Que le Seigneur soit votre joie, hommes justes ;
rendez grâce en rappelant son nom très saint. ℟

Acclamation de l'Évangile

Alléluia. Alléluia. À toi, Dieu, notre louange ! Toi, le Seigneur, nous t'acclamons. C'est toi que les Apôtres glorifient. ***Alléluia.***

Évangile de Jésus Christ

selon saint Jean (20, 2-8)

« L'autre disciple courut plus vite que Pierre et arriva le premier au tombeau »

Le premier jour de la semaine, Marie Madeleine courut trouver Simon-Pierre et l'autre disciple, celui que Jésus aimait, et elle leur dit : « On a enlevé le Seigneur* de son tombeau, et nous ne savons pas où on l'a déposé. » Pierre partit donc avec l'autre disciple pour se rendre au tombeau. Ils couraient tous les deux ensemble, mais l'autre disciple courut plus vite que Pierre et arriva le premier au tombeau. En se penchant, il s'aperçoit que les linges sont posés à plat ; cependant il n'entre pas. Simon-Pierre, qui le suivait, arrive à son tour. Il entre dans le tombeau ; il aperçoit les linges, posés à plat, ainsi que le suaire qui avait entouré la tête de Jésus, non pas posé avec les linges, mais roulé à part à sa place. C'est alors qu'entra l'autre disciple, lui qui était arrivé le premier au tombeau. Il vit, et il crut.

Prière sur les offrandes

Sanctifie, Seigneur, les offrandes que nous te présentons; tandis que nous participons à ce repas eucharistique, accorde-nous de puiser à la même source les secrets du Verbe éternel que tu révélas à ton apôtre Jean. Par le Christ, notre Seigneur. — ***Amen.***

Préface de la Nativité, p. 234.

Antienne de la communion

Le Verbe s'est fait chair,
il a habité parmi nous.
Tous, nous avons eu part
à sa plénitude.
(Jn 1, 14.16)

Prière après la communion

Nous t'en prions, Dieu tout-puissant : que le Verbe fait chair, proclamé par le bienheureux apôtre Jean, demeure toujours en nous grâce au sacrement que nous venons de célébrer. Par le Christ, notre Seigneur. — ***Amen.***

INVITATION

Dans ce monde captif de l'image, si je prenais le temps de faire attention à ce que je mets devant mes yeux ?

COMMENTAIRE

Le moment où Jean comprend 1 Jean 1, 1-4 ; Jean 20, 2-8

En fêtant l'évangéliste Jean, l'Église met en lumière le témoignage fondateur de ceux qui ont vu, entendu et touché Jésus. « L'autre disciple » s'efface derrière Simon-Pierre, mais son ardeur et son attention sont si intenses qu'il voit et qu'il croit : le tombeau du Crucifié est vide parce qu'il est vivant. Et cette vie éternelle du Verbe, Jean comprend qu'elle était auprès du Père, au commencement. Sa joie est de nous l'annoncer par écrit. ■

Nicolas Tarralle, prêtre assomptionniste

✲ CLÉ DE LECTURE

« Le Seigneur » Jean 20, 2 *(p. 192)*

Une source d'étonnement dans ce chapitre 20 est l'absence de mention du « corps » de Jésus. Marie Madeleine dit qu'elle n'a pas trouvé « le Seigneur » ; les disciples trouvent dans le tombeau vide les linges mortuaires soigneusement rangés. Or, selon la conception juive de l'être humain, il n'y a pas de séparation entre l'âme et le corps ; c'est la personne tout entière qui est envisagée comme un tout indissociable. Celui que Marie cherche et ne trouve pas, c'est celui qu'elle aime, le Seigneur vivant, dont les deux disciples constatent l'absence. Autrement dit, le tombeau vide n'est pas une preuve, il souligne seulement le fait que celui qui était vraiment mort ne peut être que vraiment vivant, sous une forme que seule la foi peut contempler. ■

Roselyne Dupont-Roc, bibliste

DIMANCHE 28 DÉCEMBRE 2025

LA SAINTE FAMILLE DE JÉSUS, MARIE ET JOSEPH

ANNÉE A – COULEUR LITURGIQUE : BLANC

La vie de la Sainte Famille n'est pas de tout repos. Dès sa naissance, Jésus est en danger. Averti en songe, Joseph doit fuir en Égypte avec Marie et l'enfant. En ce dimanche, rendons grâce pour les familles, pour la joie, pour l'émerveillement des enfants, et prions pour les familles qui sont dans l'épreuve. Et ne l'oublions pas : nous formons la grande famille des enfants de Dieu.

RITES INITIAUX

Chant d'entrée *(Suggestions p. 254)*
(Suggestions p. 254)

OU

Antienne d'ouverture

Les bergers vinrent en hâte, et ils découvrirent Marie et Joseph, avec le nouveau-né couché dans la mangeoire. (Lc 2, 16)

Suggestion de préparation pénitentielle *(ou p. 226)*

Préparons-nous à célébrer l'eucharistie et, avec confiance, présentons nos vies au Seigneur et reconnaissons que nous sommes pécheurs.

Seigneur Jésus, toi le Dieu de la tendresse et de la compassion, tu nous appelles à la bonté et à l'humilité. Seigneur, prends pitié.

— Seigneur, prends pitié.

Ô Christ, toi le Dieu du pardon et de la paix, tu nous montres le chemin de la réconciliation. Ô Christ, prends pitié.

— Ô Christ, prends pitié.

Seigneur, toi le Dieu de la joie et de la louange, tu nous invites à nous émerveiller des chemins du salut. Seigneur, prends pitié.

— Seigneur, prends pitié.

Que Dieu tout-puissant nous fasse miséricorde ; qu'il nous pardonne nos péchés et nous conduise à la vie éternelle. ***— Amen.***

Gloire à Dieu *(p. 228)*

Prière
Tu as voulu, Seigneur Dieu, que la Sainte Famille nous soit donnée en exemple ; accorde-nous, dans ta bonté, de pratiquer, comme elle, les vertus familiales et d'être unis par les liens de ton amour, afin de goûter la récompense éternelle dans la joie de ta maison. Par Jésus… ***— Amen.***

LITURGIE DE LA PAROLE

Lecture du livre de Ben Sira le Sage (3, 2-6.12-14)

Celui qui craint le Seigneur honore ses parents

Le Seigneur glorifie le père dans ses enfants, il renforce l'autorité de la mère sur ses fils. Celui qui honore son père obtient le pardon de ses péchés, celui qui glorifie sa mère est comme celui qui amasse un trésor. Celui qui honore son père aura de la joie dans ses enfants, au jour de sa prière il sera exaucé. Celui qui glorifie son père verra de longs jours, celui qui obéit au Seigneur donne du réconfort à sa mère.
Mon fils, soutiens ton père dans sa vieillesse, ne le chagrine pas pendant sa vie. Même si son esprit l'abandonne, sois indulgent, ne le méprise pas, toi qui es en pleine force. Car ta miséricorde envers ton père ne sera pas oubliée, et elle relèvera ta maison si elle est ruinée par le péché.
– Parole du Seigneur.

Psaume 127 (128)

℟ ***Heureux qui craint le Seigneur et marche selon ses voies !***

T. : AELF; M. : A. Gouzes; Éd. : Bayard Liturgie.

Heureux qui craint le Seigneur
et marche selon ses voies !
Tu te nourriras du travail de tes mains :
Heureux es-tu ! À toi, le bonheur ! ℟

Ta femme sera dans ta maison
comme une vigne généreuse,
et tes fils, autour de la table,
comme des plants d'olivier. ℟

Écoutez ce psaume sur
**www.prionseneglise.fr/
messe-du-dimanche**

Voilà comment sera béni
l'homme qui craint le Seigneur.
De Sion, que le Seigneur te bénisse !
Tu verras le bonheur de Jérusalem tous les jours de ta vie. ℟

Lecture de la lettre de saint Paul apôtre aux Colossiens (3, 12-21)

Vivre ensemble dans le Seigneur

Frères, puisque vous avez été choisis par Dieu, que vous êtes sanctifiés, aimés par lui, revêtez-vous de tendresse et de compassion, de bonté, d'humilité, de douceur et de patience. Supportez-vous les uns les autres, et pardonnez-vous mutuellement si vous avez des reproches à vous faire. Le Seigneur vous a pardonné : faites de même.

Par-dessus tout cela, ayez l'amour, qui est le lien le plus parfait. Et que, dans vos cœurs, règne la paix du Christ à laquelle vous avez été appelés, vous qui formez un seul corps. Vivez dans l'action de grâce. Que la parole du Christ habite en vous dans toute sa richesse ; instruisez-vous et reprenez-vous les uns les autres en toute sagesse ; par des psaumes, des hymnes et des chants inspirés, chantez à Dieu, dans vos cœurs, votre reconnaissance. Et tout ce que vous dites, tout ce que vous faites, que ce soit toujours au nom du Seigneur Jésus, en offrant par lui votre action de grâce à Dieu le Père. Vous les femmes, soyez soumises à votre mari ; dans le Seigneur, c'est ce qui convient. Et vous les hommes, aimez votre femme, ne soyez pas désagréables avec elle. Vous les enfants, obéissez en toute chose à vos parents ; cela est beau dans le Seigneur. Et vous les parents, n'exaspérez pas vos enfants ; vous risqueriez de les décourager.

– Parole du Seigneur.

Acclamation de l'Évangile

Alléluia. Alléluia. Que, dans vos cœurs, règne la paix du Christ ; que la parole du Christ habite en vous dans toute sa richesse ! ***Alléluia.***

U52-98 ; T. : B. Gschwind ; M. : M. Wackenheim ; psalmodie : P. Robert ; ADF Musique.

Évangile de Jésus Christ selon saint Matthieu (2, 13-15.19-23)

« Prends l'enfant et sa mère, et fuis en Égypte »

Après le départ des mages, voici que l'ange du Seigneur apparaît en songe à Joseph et lui dit : « Lève-toi ; prends l'enfant et sa mère, et fuis en Égypte. Reste là-bas jusqu'à ce que je t'avertisse, car Hérode va rechercher l'enfant pour le faire périr. » Joseph se leva ; dans la nuit, il prit l'enfant et sa mère, et se retira en Égypte,

où il resta jusqu'à la mort d'Hérode, pour que soit accomplie la parole du Seigneur prononcée par le prophète : *D'Égypte, j'ai appelé mon fils.*
Après la mort d'Hérode, voici que l'ange du Seigneur apparaît en songe à Joseph en Égypte et lui dit : « Lève-toi ; prends l'enfant et sa mère, et pars pour le pays d'Israël, car ils sont morts, ceux qui en voulaient à la vie de l'enfant. » Joseph se leva, prit l'enfant et sa mère, et il entra dans le pays d'Israël. Mais, apprenant qu'Arkélaüs régnait sur la Judée à la place de son père Hérode, il eut peur de s'y rendre.
Averti en songe, il se retira dans la région de Galilée et vint habiter dans une ville appelée Nazareth, pour que soit accomplie la parole dite par les prophètes : *Il sera appelé Nazaréen.*

Homélie

Profession de foi (p. 229)

Suggestion de prière universelle

Le prêtre :
En ce dimanche de la Sainte Famille, tournons-nous vers le Père de tendresse. Prions-le pour tous les habitants du monde, particulièrement pour les familles.
℟ ***Écoute nos prières, Seigneur, exauce-nous !***

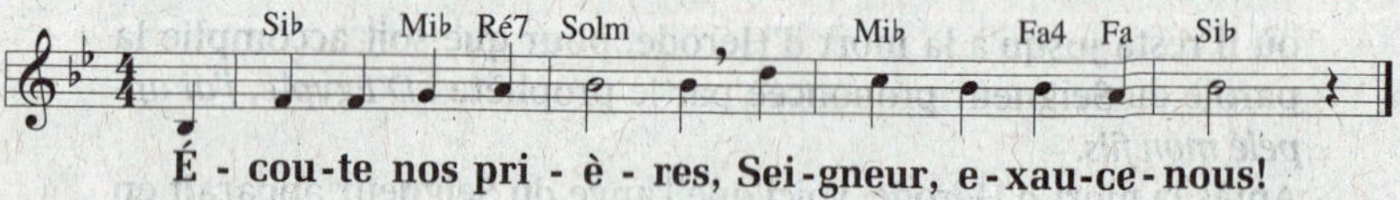

A 180 Éd. Pierre Zech; T. : J.-P. Lécot; M. : J.-S. Bach (Chants notés, t. 6, p. 36)

Le diacre ou un lecteur :

Prions pour la grande famille des enfants de Dieu. Confions les enfants, les jeunes et les adultes qui ont été baptisés cette année, et prions pour leurs catéchistes et leurs accompagnateurs. Écoute-nous, Dieu de bonté. ℟

Prions pour toutes les familles du monde. Confions les familles dispersées en raison de la guerre, et prions pour celles qui sont déchirées par l'incompréhension, la colère, la trahison. Écoute-nous, Dieu de douceur. ℟

Prions pour les familles qui sont dans l'épreuve. Confions les familles minées par le chômage, la maladie, la pauvreté, et prions pour les enfants rejetés, maltraités, en quête d'un peu d'attention et d'amour. Écoute-nous, Dieu de consolation. ℟

Prions pour les grands-parents de notre assemblée réunie en ce jour. Confions aussi les personnes qui prennent soin de nos enfants, les assistantes maternelles, les éducateurs, les enseignants et tous les animateurs de mouvements de jeunesse. Écoute-nous, Dieu de la joie. ℟

(Ces intentions seront adaptées ou modifiées selon les circonstances. On peut aussi s'inspirer de l'intention universelle du Saint-Père, p. 6.)

Le prêtre :
Dieu notre Père, toi dont le Fils a grandi dans la Sainte Famille de Nazareth, daigne exaucer toutes nos prières. Par le Christ, notre Seigneur. ***— Amen.***

LITURGIE EUCHARISTIQUE

Prière sur les offrandes

En t'offrant, Seigneur, le sacrifice qui nous réconcilie avec toi, nous te supplions humblement : à la prière de la Vierge, la Mère de Dieu, et à la prière de saint Joseph, affermis nos familles dans ta grâce et dans ta paix. Par le Christ, notre Seigneur.
— Amen.

Prière eucharistique *(Préface de la Nativité, p. 234)*

Chant de communion *(Suggestions p. 254)*

OU

Antienne de la communion

Notre Dieu est apparu sur la terre
et il a vécu parmi les hommes.
(cf. Ba 3, 38)

28 - 31

Prière après la communion
Tu refais nos forces, Père très aimant, par le sacrement du ciel : donne-nous de toujours imiter les vertus de la Sainte Famille et, après les épreuves de cette vie, d'obtenir avec elle le bonheur sans fin. Par le Christ, notre Seigneur. – ***Amen.***

RITE DE CONCLUSION

Bénédiction

Envoi

COMMENTAIRE DU DIMANCHE

Tommy Scholtes, prêtre jésuite, *Prions en Église* Belgique

Sainte Famille… saintes familles

La Sainte Famille honorée en ce jour met en évidence les missions divines des uns et des autres, dans une vie de famille toute sainte. Et, en même temps, présentée comme un modèle d'amour et de don de soi, elle nous semble tellement différente de nos familles, humaines, fragiles et parfois blessées ! L'occasion pour nous de retourner à la source. Celle qui nous redit que nous sommes sanctifiés, nous aussi choisis par Dieu pour vivre la tendresse, la compassion, la bonté, l'humilité, la douceur et la patience. Nous sommes invités à nous supporter les uns les autres en nous pardonnant les uns les autres si nous avons des reproches à nous faire. « Le Seigneur vous a pardonné, faites de même », dit l'apôtre Paul, ou encore : « Reprenez vous les uns les autres en toute sagesse […], tout ce que vous dites ou ce que •••

••• vous faites, que ce soit toujours au nom du Seigneur Jésus.» Des pistes pour progresser dans notre sainteté.
La Sainte Famille a vécu, dès le départ, le drame de la menace sur sa vie elle-même. Joseph a vécu la peur et la confiance. Jésus lui-même était déjà menacé dans sa vie. Et Joseph s'est levé, a pris l'enfant et sa mère et les a conduits là où ils pourraient vivre hors de la menace.
Ce sera en mettant en œuvre les recommandations de saint Paul que, nous aussi, nous pourrons grandir en sainteté, et en mettant notre confiance dans le Seigneur. Jour après jour, gardons les conseils de saint Paul en tête !

Oserai-je relire les conseils de Paul en regardant ma vie, la société, le monde ?
Si je devais souhaiter des bons vœux pour 2026, quelles seraient mes priorités ? ■

Prions en Église junior

LIRE L'ÉVANGILE AVEC LES ENFANTS

CE QUE JE DÉCOUVRE

Joseph est un homme d'une grande foi qui met toute sa confiance en Dieu. Aussi, quand l'ange lui demande en songe de s'éloigner du roi Hérode qui veut tuer Jésus, il reconnaît la voix du Seigneur. Il n'hésite pas à quitter son pays pour protéger Jésus, le Fils de Dieu, et Marie. **Trois fois de suite, Joseph écoute la voix de l'ange et accepte de faire la volonté de Dieu.**
Et toi ? Aimes-tu écouter la parole de Dieu et essaies-tu de la mettre en pratique ?

CE QUE JE VIS

Quand tu prépares un voyage, qu'est-ce que tu emportes avec toi ?
Lorsqu'il t'arrive de rêver, te rappelles-tu de tes rêves ?
Sur une carte, regarde le chemin fait par Jésus et dans ta prière demande-lui de t'accompagner tous les jours de ta vie.

Texte : Patricia Metzger. Illustrations : Marcelino Truong

MÉDITATION BIBLIQUE
LA SAINTE FAMILLE
Évangile selon saint Matthieu 2, 13-15.19-23

Trois jours après

Trois jours après Noël, Jésus expérimente, avec ses parents, la réalité de l'existence humaine.

Le temps de la préparation

« Heureux qui craint le Seigneur et marche selon ses voies ! » (Ps 127, 1)

Le temps de l'observation

Face au conseil de l'ange, Joseph ne discute pas. Il ne conteste pas le constat et ne formule pas de récrimination pour dire qu'il n'est pas d'accord avec la façon dont les choses se déroulent. Il écoute la voix de l'ange et il part avec Marie et Jésus en exil en Égypte. Aucune indication n'est donnée concernant un éventuel retour en Judée ou en Galilée. Ils partent sans perspective d'avenir véritable, sans repères clairs sur l'avenir. On mesure l'écart qui existe entre l'arrivée des mages venus d'Orient s'agenouiller auprès de l'enfant et le départ précipité de la famille, partant les mains vides vers un pays étranger : un jour l'enfant est acclamé comme le Sauveur, le lendemain, c'est un fugitif. Rien n'est donc épargné à l'Emmanuel, « Dieu-avec-nous ». Âgé de quelques jours seulement, il est soumis à la pression politique de son époque. Il vit la fuite, le déchirement, l'incertitude. L'incarnation commence par un déracinement.

Le temps de la méditation

Jésus est trop jeune pour se rendre compte de la situation mais ses parents, eux, le peuvent. Que doivent penser Marie et Joseph de ces événements ? Quels sentiments sont les leurs ? Dégoût ? Incompréhension ? Peur ? Pour eux, rien ne doit faire sens dans les événements qu'ils subissent. Si la tradition a souhaité nous raconter les premiers jours de Jésus sous cette forme, cela n'est pas pour rien. Jésus revit en sa personne l'histoire d'Israël, le peuple choisi par Dieu pour rendre témoignage au Dieu Un. Comme Israël, Jésus part en Égypte pour sauver sa vie. Cette identification est cohérente. Elle raconte que témoigner du Dieu vivant n'est pas un long fleuve tranquille. Jésus n'est pas épargné par l'existence. Vivre devant Dieu ne consiste pas à vivre sans difficultés ou incompréhensions. Jésus, en tant que fils d'Israël, montrera ce qu'est une vie vécue dans la confiance en un Dieu secrètement présent dans l'histoire.

Le temps de la prière

« De Sion, que le Seigneur te bénisse ! Tu verras le bonheur de Jérusalem tous les jours de ta vie. » (Ps 127, 5) ■

Marie-Laure Durand, bibliste

L'ÉVÉNEMENT

Taizé : rencontre européenne de jeunes

Quoi ?
Taizé : 48e rencontre européenne de jeunes.

Où ?
À Paris et en Île-de-France.

Quand ?
Du 28 décembre 2025 au 1er janvier 2026.

Comment ?
Infos sur : www.taize.fr/fr

« Je m'appelle Maëlys, j'ai 22 ans et je suis une jeune professionnelle. J'ai découvert la communauté de Taizé lors de la 46e rencontre européenne à Ljubljana, en Slovénie, en 2023. J'y suis allée, entraînée par deux amies du diocèse de Créteil, sans vraiment savoir à quoi m'attendre. Pendant cinq jours, j'ai été profondément touchée par l'ambiance de méditation dans le silence, partagée avec des milliers de jeunes venus de toute l'Europe. Les chants de Taizé m'ont portée, tout comme les échanges avec des jeunes de tous horizons.

DR

Maëlys Gnossoan avec ses deux amies en Slovénie, en 2023.

Sans parler la même langue, nous avons partagé les mêmes silences, les mêmes prières. J'ai vécu une véritable communion fraternelle, qui a marqué un tournant dans ma vie de foi. À la fin de la rencontre, un prêtre m'a invitée à faire vivre l'esprit de Taizé dans notre diocèse. J'ai accepté, et me voilà aujourd'hui engagée dans la préparation de la rencontre qui a lieu cette année à Paris et dans toute l'Île-de-France. Avec d'autres jeunes, nous organisons des temps de réflexion biblique et de partage de la Parole. Nous avons aussi à cœur de faire connaître ce rendez-vous dans les aumôneries et les paroisses. Je sais que je ne vais pas vivre cette rencontre comme celle de Ljubljana : je ne fais pas mes valises, je ne pars pas loin de chez moi, mais je suis au service de ceux qui y participent. J'espère que cette rencontre sera pour eux, comme elle l'a été pour moi, un épanouissement dans leur vie de foi. » ■

Propos recueillis par **Geneviève Pasquier,** journaliste

LUNDI 29 DÉCEMBRE 2025

TEMPS DE NOËL COULEUR LITURGIQUE : BLANC

5e jour dans l'octave de la Nativité

(Saint Thomas Becket)

Antienne d'ouverture

**Dieu a tellement aimé le monde qu'il a donné son Fils unique,
afin que quiconque croit en lui ne se perde pas,
mais obtienne la vie éternelle.** (Jn 3, 16)

Gloire à Dieu *(p. 228)*

Prière

Dieu tout-puissant, que nul ne peut voir, tu as dissipé les ténèbres du monde par la venue de ta lumière ; nous t'en prions, tourne vers nous ton visage de paix, pour que nos louanges proclament l'œuvre merveilleuse que tu as accomplie dans la naissance de ton Fils unique. Lui qui… – ***Amen.***

Lecture

de la première lettre de saint Jean (2, 3-11)

« Celui qui aime son frère demeure dans la lumière »

Bien-aimés, voici comment nous savons que nous connaissons Jésus Christ : si nous gardons ses commandements. Celui qui dit : « Je le connais », et qui ne garde pas ses commandements, est un menteur : la vérité n'est pas en lui. Mais en celui qui garde sa parole, l'amour de

Dieu atteint vraiment la perfection : voilà comment nous savons que nous sommes en lui. Celui qui déclare demeurer en lui doit, lui aussi, marcher comme Jésus lui-même a marché. Bien-aimés, ce n'est pas un commandement nouveau que je vous écris, mais un commandement ancien que vous aviez depuis le commencement. La parole que vous avez entendue, c'est le commandement ancien. Et pourtant, c'est un commandement nouveau que je vous écris ; ce qui est vrai en cette parole l'est aussi en vous ; en effet, les ténèbres passent* et déjà brille la vraie lumière. Celui qui déclare être dans la lumière et qui a de la haine contre son frère est dans les ténèbres jusqu'à maintenant. Celui qui aime son frère demeure dans la lumière, et il n'y a en lui aucune occasion de chute. Mais celui qui a de la haine contre son frère est dans les ténèbres : il marche dans les ténèbres sans savoir où il va, parce que les ténèbres ont aveuglé ses yeux.
– Parole du Seigneur.

Psaume 95 (96)

℟ ***Joie au ciel ! Exulte la terre !***

Chantez au Seigneur un chant nouveau,
chantez au Seigneur, terre entière,
chantez au Seigneur et bénissez son nom ! ℟

De jour en jour, proclamez son salut,
racontez à tous les peuples sa gloire,
à toutes les nations ses merveilles ! ℟

Lui, le Seigneur, a fait les cieux :
devant lui, splendeur et majesté,
dans son sanctuaire, puissance et beauté. ℟

Acclamation de l'Évangile

Alléluia, Alléluia. Lumière qui se révèle aux nations et donne gloire à ton peuple Israël. ***Alléluia.***

Évangile de Jésus Christ

selon saint Luc (2, 22-35)

« Lumière qui se révèle aux nations »

Quand fut accompli le temps prescrit par la loi de Moïse pour la purification, les parents de Jésus l'amenèrent à Jérusalem pour le présenter au Seigneur, selon ce qui est écrit dans la Loi : *Tout premier-né de sexe masculin sera consacré au Seigneur.* Ils venaient aussi offrir le sacrifice prescrit par la loi du Seigneur : *un couple de tourterelles ou deux petites colombes.*

Or, il y avait à Jérusalem un homme appelé Syméon. C'était un homme juste et religieux, qui attendait la Consolation d'Israël, et l'Esprit Saint était sur lui. Il avait reçu de l'Esprit Saint l'annonce qu'il ne verrait pas la mort avant d'avoir vu le Christ, le Messie du Seigneur. Sous l'action de l'Esprit, Syméon vint au Temple. Au moment où les parents présentaient l'enfant Jésus pour se conformer au rite de la Loi qui le concernait, Syméon reçut l'enfant dans ses bras, et il bénit Dieu en disant : « Maintenant, ô Maître souverain, tu peux laisser ton serviteur s'en aller en paix, selon ta parole. Car mes yeux ont vu le salut que tu préparais à la face des peuples : lumière qui se révèle aux nations et donne gloire à ton peuple Israël. »

Le père et la mère de l'enfant s'étonnaient de ce qui était dit de lui.

Syméon les bénit, puis il dit à Marie sa mère : « Voici que cet enfant provoquera la chute et le relèvement de beaucoup en Israël. Il sera un signe de contradiction – et toi, ton âme sera traversée d'un glaive – : ainsi seront dévoilées les pensées qui viennent du cœur d'un grand nombre. »

Prière sur les offrandes

Accueille, Seigneur, ce que nous présentons pour cette eucharistie où s'accomplit un admirable échange : en offrant ce que tu nous as donné, puissions-nous te recevoir toi-même. Par le Christ, notre Seigneur. ***– Amen.***

Préface de la Nativité, p. 234.

Antienne de la communion

Grâce à la miséricordieuse tendresse
de notre Dieu, l'Astre d'en haut
est venu nous visiter.
(cf. Lc 1, 78)

Prière après la communion

Dieu tout-puissant, nous t'en prions : fais que la force de tes saints mystères soutienne constamment notre vie. Par le Christ, notre Seigneur. ***– Amen.***

INVITATION

Syméon bénit Dieu en disant : « Mes yeux ont vu le salut. »
En regardant Jésus dans la crèche, je prends conscience du fait qu'il est venu pour me sauver.

COMMENTAIRE

Sommeil paisible

Luc 2, 22-35

Chaque soir, le cantique de Syméon ponctue l'office de complies. Ce beau vieillard a vu de ses yeux le salut promis à Israël. Désormais, son âme est en paix. Un unique désir l'habite : partir à la rencontre de son Dieu. Le soir préfigure la mort pour chacun de nous. Quelle consolation de nous abandonner sereinement au sommeil en nous remettant entre les mains du Père ! Fini les angoisses nocturnes : notre Dieu est un Dieu fidèle à ses promesses. ■

***Bénédicte de la Croix,** cistercienne*

❊ CLÉ DE LECTURE

« Les ténèbres passent »

1 Jean 2, 8 *(p. 213)*

D'un enseignement sur le commandement ancien de l'amour qui doit sans cesse devenir nouveau en étant renouvelé dans nos vies, le texte passe à une opposition entre les ténèbres et la lumière. Non que la lettre enseigne un dualisme opposant un monde de ténèbres à la lumière d'en haut. La lumière brille sans relâche dans les ténèbres du monde, et comme le dit le prologue de l'évangile : « Les ténèbres ne l'ont pas arrêtée » (Jn 1,5). Ce sont les ténèbres qui passent et s'estompent, tandis que la lumière qui demeure ne cesse de les dissiper. On comprend alors le rôle du commandement de l'amour ancien et nouveau, car depuis la « fondation du monde », l'amour de Dieu repousse les ténèbres ; par son Fils et en lui, il nous a confié de poursuivre la tâche. ■

***Roselyne Dupont-Roc,** bibliste*

MARDI 30 DÉCEMBRE 2025

TEMPS DE NOËL COULEUR LITURGIQUE : BLANC

6e jour dans l'octave de la Nativité

Antienne d'ouverture

Un silence paisible enveloppait toute chose,
et la nuit en était au milieu de son cours ; alors, ta Parole toute-puissante,
Seigneur, vint du ciel, de ton trône royal. (cf. Sg 18, 14-15)

Gloire à Dieu *(p. 228)*

Prière

Nous t'en prions, Dieu tout-puissant : nous ployons sous le joug du péché qui depuis longtemps nous tient en esclavage : donne-nous la délivrance par l'incomparable naissance en notre chair de ton Fils unique, Jésus Christ. Lui qui…

— Amen.

Lecture

de la première lettre de saint Jean (2, 12-17)

« Celui qui fait la volonté de Dieu demeure pour toujours »

Je vous l'écris, petits enfants : Vos péchés vous sont remis à cause du nom de Jésus. Je vous l'écris, parents : Vous connaissez celui qui existe depuis le commencement. Je vous l'écris, jeunes gens : Vous avez vaincu le Mauvais. Je vous l'ai écrit, enfants : Vous connaissez le Père. Je vous l'ai écrit, parents : Vous connaissez celui qui existe depuis le commencement. Je vous l'ai écrit, jeunes gens : Vous êtes forts, la parole de Dieu demeure en vous, vous avez vaincu le Mauvais. N'aimez pas le monde, ni ce qui est dans le monde. Si quelqu'un aime le monde, l'amour du Père n'est pas en lui. Tout ce qu'il y a dans le monde – la convoitise de la chair, la convoitise des yeux, l'arrogance de la richesse –, tout cela ne vient pas du Père, mais du monde. Or, le monde passe, et sa convoitise avec lui. Mais celui qui fait la volonté de Dieu demeure pour toujours. – Parole du Seigneur.

Psaume 95 (96)

℟ ***Joie au ciel ! Exulte la terre !***

Rendez au Seigneur, familles des peuples,
rendez au Seigneur la gloire et la puissance,
rendez au Seigneur la gloire de son nom. ℟

Apportez votre offrande,
entrez dans ses parvis,
adorez le Seigneur, éblouissant de sainteté :
tremblez devant lui, terre entière. ℟

Allez dire aux nations : « Le Seigneur est roi ! »
Le monde, inébranlable, tient bon.
Il gouverne les peuples avec droiture. ℟

Acclamation de l'Évangile

Alléluia. Alléluia. Aujourd'hui la lumière a brillé sur la terre. Peuples de l'univers, entrez dans la clarté de Dieu. Venez tous adorer le Seigneur ! ***Alléluia.***

Évangile de Jésus Christ

selon saint Luc (2, 36-40)

« Elle parlait de l'enfant à tous ceux qui attendaient la délivrance de Jérusalem »

En ce temps-là, quand les parents de Jésus vinrent le présenter au Temple, il y avait aussi une femme prophète, Anne, fille de Phanuel, de la tribu d'Aser. Elle était très avancée en âge ; après sept ans de mariage, demeurée veuve, elle était arrivée à l'âge de 84 ans. Elle ne s'éloignait pas du Temple, servant Dieu jour et nuit dans le jeûne et la prière. Survenant à cette heure même, elle proclamait les louanges de Dieu et parlait de l'enfant à tous ceux qui attendaient la délivrance de Jérusalem.

Lorsqu'ils eurent achevé tout ce que prescrivait la loi du Seigneur, ils retournèrent en Galilée, dans leur ville de Nazareth. L'enfant, lui, grandissait et se fortifiait, rempli de sagesse, et la grâce de Dieu était sur lui.

Prière sur les offrandes

Reçois favorablement, nous t'en prions, Seigneur, les dons présentés par ton peuple : que tous obtiennent par tes sacrements ce qu'ils proclament dans la ferveur de la foi. Par le Christ, notre Seigneur. **— *Amen.***

Préface de la Nativité, p. 234.

Antienne de la communion

Tous, nous avons eu part
à la plénitude du Christ,
et reçu grâce après grâce. (cf. Jn 1, 16)

Prière après la communion

Seigneur Dieu, toi qui viens jusqu'à nous quand nous participons à ce sacrement, produis en nos cœurs les fruits de ce mystère, pour que tes propres dons nous préparent à recevoir ce que tu nous donnes. Par le Christ, notre Seigneur. — ***Amen.***

INVITATION

Je me souviens des personnes que j'ai rencontrées cette année et qui m'ont réchauffé le cœur.

COMMENTAIRE

Grand-mère prophète

Luc 2, 36-40

Qui peut rêver d'une plus belle vieillesse ? Anne met à profit son âge et son veuvage pour passer ses nuits et ses jours dans le Temple à prier et à jeûner. Pas le temps de se lamenter : sa louange incessante ouvre les yeux de son cœur. Elle reconnaît dans l'enfant du jeune couple celui qui apporte la délivrance d'Israël. Et si les grands-mères fidèles à nos assemblées étaient, elles aussi, prophètes à leurs heures ? ■

Bénédicte de la Croix, *cistercienne*

MERCREDI 31 DÉCEMBRE 2025

TEMPS DE NOËL COULEUR LITURGIQUE : BLANC

7e jour dans l'octave de la Nativité

(Saint Sylvestre)

Antienne d'ouverture

Un enfant nous est né, un fils nous a été donné !
Sur son épaule est le signe du pouvoir ; on proclame son nom :
Ange du grand conseil. (cf. Is 9, 5)

Gloire à Dieu (p. 228)

Prière

Dieu éternel et tout-puissant, tu as voulu que l'origine et l'achèvement de toute la religion se trouvent dans la naissance de ton Fils ; nous t'en prions, accorde-nous d'être comptés parmi ceux qui appartiennent au Christ en qui réside la plénitude du salut de l'humanité. Lui qui… — ***Amen.***

Lecture

de la première lettre de saint Jean (2, 18-21)

« C'est de celui qui est saint que vous tenez l'onction, et vous avez tous la connaissance »

Mes enfants, c'est la dernière heure et, comme vous l'avez appris, un anti-Christ, un adversaire du Christ, doit venir ; or, il y a dès maintenant beaucoup d'anti-Christs ; nous savons ainsi que c'est la dernière heure. Ils sont sortis de chez nous mais ils n'étaient pas des nôtres ; s'ils avaient été des nôtres, ils seraient demeurés avec nous. Mais pas un d'entre eux n'est des nôtres, et cela devait être manifesté. Quant à vous, c'est de celui qui est saint que vous tenez l'onction, et vous avez tous la connaissance. Je ne vous ai pas écrit que vous ignorez la vérité, mais que vous la connaissez, et que de la vérité ne vient aucun mensonge. – Parole du Seigneur.

Psaume 95 (96)

℟ ***Joie au ciel ! Exulte la terre !***

Chantez au Seigneur un chant nouveau,
chantez au Seigneur, terre entière,
chantez au Seigneur et bénissez son nom ! ℟

Joie au ciel ! Exulte la terre !
Les masses de la mer mugissent,
la campagne tout entière est en fête. ℟

Les arbres des forêts dansent de joie
devant la face du Seigneur, car il vient,
car il vient pour juger la terre. ℟

Acclamation de l'Évangile

Alléluia, Alléluia. Le Verbe s'est fait chair, il a établi parmi nous sa demeure. À tous ceux qui l'ont reçu, il a donné de pouvoir devenir enfants de Dieu. ***Alléluia.***

Évangile de Jésus Christ

selon saint Jean (1, 1-18)

Le Verbe s'est fait chair

Au commencement était le Verbe, et le Verbe était auprès de Dieu, et le Verbe était Dieu. Il était au commencement auprès de Dieu. C'est par lui que tout est venu à l'existence, et rien de ce qui s'est fait ne s'est fait sans lui. En lui était la vie, et la vie était la lumière des hommes; la lumière brille dans les ténèbres, et les ténèbres ne l'ont pas arrêtée.

Il y eut un homme envoyé par Dieu; son nom était Jean. Il est venu comme témoin, pour rendre témoignage à la Lumière, afin que tous croient par lui. Cet homme n'était pas la Lumière, mais il était là pour rendre témoignage à la Lumière.

Le Verbe était la vraie Lumière, qui éclaire tout homme en venant dans le monde. Il était dans le monde, et le monde était venu par lui à l'existence, mais le monde ne l'a pas reconnu. Il est venu chez lui, et les siens ne l'ont pas reçu. Mais à tous ceux qui l'ont reçu, il a donné de pouvoir devenir enfants de Dieu, eux qui croient en son nom. Ils ne sont pas nés du sang, ni d'une volonté charnelle, ni d'une volonté d'homme : ils sont nés de Dieu. Et le Verbe s'est fait chair, il a habité parmi nous*, et nous avons vu sa gloire, la gloire qu'il tient de son Père comme Fils unique, plein de grâce et de vérité.

Jean le Baptiste lui rend témoignage en proclamant : « C'est de lui que j'ai dit : Celui qui vient derrière moi est passé devant moi, car avant moi il était. » Tous nous avons eu part à sa plénitude, nous avons reçu grâce après grâce; car la Loi fut donnée par Moïse, la grâce et la vérité sont venues par Jésus Christ. Dieu, personne ne l'a jamais vu ; le Fils unique, lui qui est Dieu, lui qui est dans le sein du Père, c'est lui qui l'a fait connaître.

Prière sur les offrandes

Seigneur Dieu, source de la piété véritable et de la paix, nous t'en prions, accorde-nous d'honorer dignement ta gloire par cette offrande ; que, dans la participation fidèle aux saints mystères, nous prenions davantage conscience de notre unité. Par le Christ, notre Seigneur. — ***Amen.*** *Préface de la Nativité, p. 234.*

Antienne de la communion

Dieu a envoyé son Fils unique
dans le monde
pour que nous vivions par lui.
(1 Jn 4, 9)

Prière après la communion

Ton peuple, Seigneur, a besoin de multiples secours pour sa traversée d'ici-bas ; que ta tendresse lui accorde ceux de la vie présente comme ceux de la vie future : trouvant alors le réconfort nécessaire dans les choses qui passent, il recherchera les biens éternels avec plus de confiance. Par le Christ, notre Seigneur. — ***Amen.***

INVITATION

En cette année qui s'achève, je rends grâce pour tous les événements que j'ai vécus en 2025.

COMMENTAIRE

Le commencement

Jean 1, 1-18

L'année civile se clôture par le premier mot du prologue de saint Jean : « Commencement ». À chaque instant, dans le Verbe fait chair, tout débute. Saisissons ce moment charnière entre deux années pour accueillir la nouveauté du Christ, Maître du temps et de l'histoire. Il désire illuminer nos vies de la seule lumière qui ne s'éteint pas, celle qui brille dans les ténèbres de notre monde en douleurs d'enfantement. Sainte année ! ■

***Bénédicte de la Croix,** cistercienne*

✲ CLÉ DE LECTURE

« Il a habité parmi nous »

Jean 1, 14 *(p. 223)*

Les traductions atténuent l'image – « Il a planté sa tente parmi nous » – pourtant lourde de renvois à l'Écriture : au désert, Dieu accompagne son peuple dans la tente de la Rencontre ; puis le mot renvoie au Temple, le lieu où Dieu se rend présent au milieu des siens et où il manifeste sa gloire. La tente, ici, désigne la réalité humaine charnelle et fragile qui est celle que le Fils de Dieu assume, la partageant avec nous. Car la chair n'est pas une enveloppe extérieure qu'il suffirait d'endosser puis de déposer, elle est la part terrestre façonnée et animée par l'Esprit de Dieu dont nous sommes pétris. En plantant sa tente parmi les siens, le Fils se fait homme parmi les hommes, il est l'un de nous selon la chair, un jour transfigurée par l'Esprit. ■

***Roselyne Dupont-Roc,** bibliste*

Liturgie de la messe

RITES INITIAUX

Le chant d'entrée achevé, le prêtre et les fidèles, debout, font le signe de la croix, tandis que le prêtre, tourné vers le peuple, dit:

Au nom du Père, et du Fils, et du Saint-Esprit.

Le peuple répond:

—Amen.

Salutation

La grâce de Jésus, le Christ, notre Seigneur, l'amour de Dieu le Père, et la communion de l'Esprit Saint soient toujours avec vous.

—Et avec votre esprit.

Ou bien: Que la grâce et la paix de Dieu notre Père et du Seigneur Jésus, le Christ, soient toujours avec vous.

—Et avec votre esprit.

Ou bien: Le Seigneur soit avec vous.

—Et avec votre esprit.

Acte pénitentiel

Frères et sœurs, préparons-nous à célébrer le mystère de l'eucharistie, en reconnaissant que nous avons péché.

(1) Je confesse à Dieu tout-puissant, je reconnais devant vous, frères et sœurs, que j'ai péché en pensée, en parole, par action et par omission ; oui, j'ai vraiment péché. C'est pourquoi je supplie la bienheureuse Vierge Marie, les anges et tous les saints, et vous aussi, frères et sœurs, de prier pour moi le Seigneur notre Dieu.

(2) Prends pitié de nous, Seigneur. **— *Nous avons péché contre toi.***
Montre-nous, Seigneur, ta miséricorde. **— *Et donne-nous ton salut.***

(3) Seigneur Jésus, envoyé pour guérir les cœurs qui reviennent vers toi :
Seigneur, prends pitié. **— *Seigneur, prends pitié.***
Ô Christ, venu appeler les pécheurs : ô Christ, prends pitié.
— *Ô Christ, prends pitié.*
Seigneur, qui sièges à la droite du Père où tu intercèdes pour nous :
Seigneur, prends pitié. **— *Seigneur, prends pitié.***

Que Dieu tout-puissant nous fasse miséricorde ; qu'il nous pardonne nos péchés et nous conduise à la vie éternelle. **— *Amen.***

Ensuite, on chante ou on dit le Kyrie eleison (Seigneur, prends pitié), à moins qu'il n'ait été déjà employé dans une formule de l'acte pénitentiel (c'est le cas de la précédente).

Kyrie, eleison. **— *Kyrie, eleison.***
Christe, eleison. **— *Christe, eleison.***
Kyrie, eleison. **— *Kyrie, eleison.***
ou bien: Seigneur, prends pitié. **— *Seigneur, prends pitié.***
Ô Christ, prends pitié. **— *Ô Christ, prends pitié.***
Seigneur, prends pitié. **— *Seigneur, prends pitié.***

Gloire à Dieu

Gloire à Dieu, au plus haut des cieux, et paix sur la terre aux hommes, qu'il aime. Nous te louons, nous te bénissons, nous t'adorons, nous te glorifions, nous te rendons grâce, pour ton immense gloire, Seigneur Dieu, Roi du ciel, Dieu le Père tout-puissant.
Seigneur, Fils unique, Jésus Christ, Seigneur Dieu,
Agneau de Dieu, le Fils du Père ;
toi qui enlèves les péchés du monde, prends pitié de nous ;
toi qui enlèves les péchés du monde, reçois notre prière ;
toi qui es assis à la droite du Père, prends pitié de nous.
Car toi seul es Saint, toi seul es Seigneur, toi seul es le Très-Haut :
Jésus Christ, avec le Saint-Esprit dans la gloire de Dieu le Père. Amen.

Gloria in excelsis Deo et in terra pax hominibus bonæ voluntatis. Laudamus te, benedicimus te, adoramus te, glorificamus te, gratias agimus tibi propter magnam gloriam tuam, Domine Deus, Rex cælestis, Deus Pater omnipotens. Domine Fili unigenite, Iesu Christe, Domine Deus, Agnus Dei, Filius Patris, qui tollis peccata mundi, miserere nobis ; qui tollis peccata mundi, suscipe deprecationem nostram. Qui sedes ad dexteram Patris, miserere nobis.
Quoniam tu solus Sanctus, tu solus Dominus, tu solus Altissimus,
Iesu Christe, cum Sancto Spiritu : in gloria Dei Patris. Amen.

Prière d'ouverture

Voir à la date du jour.

LITURGIE DE LA PAROLE

Voir à la date du jour.

Profession de foi

Symbole de Nicée-Constantinople

Je crois en un seul Dieu, le Père tout-puissant,
créateur du ciel et de la terre, de l'univers visible et invisible.
Je crois en un seul Seigneur, Jésus Christ, le Fils unique de Dieu,
né du Père avant tous les siècles : il est Dieu, né de Dieu,
lumière née de la lumière, vrai Dieu, né du vrai Dieu,
engendré, non pas créé, consubstantiel au Père, et par lui tout a été fait.
Pour nous les hommes, et pour notre salut, il descendit du ciel ;
par l'Esprit Saint, il a pris chair de la Vierge Marie, et s'est fait homme.
Crucifié pour nous sous Ponce Pilate,
il souffrit sa passion et fut mis au tombeau.
Il ressuscita le troisième jour, conformément aux Écritures,
et il monta au ciel ; il est assis à la droite du Père.
Il reviendra dans la gloire, pour juger les vivants et les morts ;
et son règne n'aura pas de fin.
Je crois en l'Esprit Saint, qui est Seigneur et qui donne la vie ;
il procède du Père et du Fils ; avec le Père et le Fils,
il reçoit même adoration et même gloire ; il a parlé par les prophètes.
Je crois en l'Église, une, sainte, catholique et apostolique.
Je reconnais un seul baptême pour le pardon des péchés.
J'attends la résurrection des morts, et la vie du monde à venir. Amen.

Credo in unum Deum, Patrem omnipotentem,
Factorem cœli et terræ, visibilium omnium et invisibilium.
Et in unum Dominum Iesum Christum, Filium Dei unigenitum,
et ex Patre natum ante omnia sæcula.
Deum de Deo, lumen de lumine, Deum verum de Deo vero, genitum,
non factum, consubstantialem Patri : per quem omnia facta sunt.
Qui propter nos homines et propter nostram salutem descendit de cælis.
Et incarnatus est de Spiritu Sancto ex Maria Virgine, et homo factus est.
Crucifixus etiam pro nobis sub Pontio Pilato ;
passus et sepultus est, et resurrexit tertia die, secundum Scripturas,
et ascendit in cælum, sedet ad dexteram Patris.
Et iterum venturus est cum gloria, iudicare vivos et mortuos,
cuius regni non erit finis.
Et in Spiritum Sanctum, Dominum et vivificantem :
qui ex Patre Filioque procedit.
Qui cum Patre et Filio simul adoratur et conglorificatur :
qui locutus est per prophetas.
Et unam, sanctam, catholicam et apostolicam Ecclesiam.
Confiteor unum baptisma in remissionem peccatorum.
Et exspecto resurrectionem mortuorum, et vitam venturi sæculi.
Amen.

Symbole des Apôtres

Je crois en Dieu, le Père tout-puissant, créateur du ciel et de la terre.
Et en Jésus Christ, son Fils unique, notre Seigneur,
qui a été conçu du Saint-Esprit, est né de la Vierge Marie,
a souffert sous Ponce Pilate, a été crucifié, est mort et a été enseveli,
est descendu aux enfers, le troisième jour est ressuscité des morts,
est monté aux cieux, est assis à la droite de Dieu le Père tout-puissant,
d'où il viendra juger les vivants et les morts.
Je crois en l'Esprit Saint, à la sainte Église catholique,
à la communion des saints, à la rémission des péchés,
à la résurrection de la chair, à la vie éternelle. Amen.

Prière universelle

LITURGIE EUCHARISTIQUE

Préparation des dons

Tu es béni, Seigneur, Dieu de l'univers : nous avons reçu de ta bonté le pain
que nous te présentons, fruit de la terre et du travail des hommes ;
il deviendra pour nous le pain de la vie. ***— Béni soit Dieu, maintenant et toujours !***
Comme cette eau se mêle au vin pour le sacrement de l'Alliance,
puissions-nous être unis à la divinité de celui qui a voulu prendre notre humanité.
Tu es béni, Seigneur, Dieu de l'univers : nous avons reçu de ta bonté le vin
que nous te présentons, fruit de la vigne et du travail des hommes ;
il deviendra pour nous le vin du Royaume éternel.
— Béni soit Dieu, maintenant et toujours !

Le cœur humble et contrit, nous te supplions, Seigneur, accueille-nous : que notre sacrifice, en ce jour, trouve grâce devant toi, Seigneur notre Dieu. Lave-moi de mes fautes, Seigneur, et purifie-moi de mon péché.

Prière sur les offrandes

Priez, frères et sœurs : que mon sacrifice, qui est aussi le vôtre, soit agréable à Dieu le Père tout-puissant.
— Que le Seigneur reçoive de vos mains ce sacrifice à la louange et à la gloire de son nom, pour notre bien et celui de toute l'Église.

Ou bien :

Prions ensemble, au moment d'offrir le sacrifice de toute l'Église.
— Pour la gloire de Dieu et le salut du monde.

Prière eucharistique

Le Seigneur soit avec vous. ***— Et avec votre esprit.***
Élevons notre cœur. ***— Nous le tournons vers le Seigneur.***
Rendons grâce au Seigneur notre Dieu. ***— Cela est juste et bon.***

Préfaces

1re préface de l'Avent

Les deux avènements du Christ

Vraiment, il est juste et bon, pour ta gloire et notre salut, de t'offrir notre action de grâce, toujours et en tout lieu, Seigneur, Père très saint, Dieu éternel et tout-puissant, par le Christ, notre Seigneur. Car il est déjà venu, en assumant l'humble condition de notre chair, pour accomplir l'éternel dessein de ton amour et nous ouvrir à jamais le chemin du salut; il viendra de nouveau, revêtu de sa gloire, afin que nous possédions dans la pleine lumière les biens que tu nous as promis et que nous attendons en veillant dans la foi. C'est pourquoi, avec les anges et les archanges, avec les puissances d'en haut et tous les esprits bienheureux, nous chantons l'hymne de ta gloire et sans fin nous proclamons : ***Saint! Saint! Saint...***

2e préface de l'Avent

L'attente des deux avènements du Christ

Vraiment, il est juste et bon, pour ta gloire et notre salut, de t'offrir notre action de grâce, toujours et en tout lieu, Seigneur, Père très saint, Dieu éternel et tout-puissant, par le Christ, notre Seigneur. Il est celui que tous les prophètes avaient annoncé, celui que la Vierge Mère attendait dans le secret de son amour, celui dont Jean Baptiste a proclamé la venue et manifesté la présence. C'est lui qui nous donne la joie d'entrer déjà dans le mystère de Noël, pour qu'il nous trouve, quand il viendra, vigilants dans la prière et remplis d'allégresse. C'est pourquoi, avec les anges et les archanges, avec les puissances d'en haut et tous les esprits bienheureux, nous chantons l'hymne de ta gloire et sans fin nous proclamons : ***Saint! Saint! Saint...***

1re préface de la Nativité

Le Christ lumière

Vraiment, il est juste et bon, pour ta gloire et notre salut, de t'offrir notre action de grâce, toujours et en tout lieu, Seigneur, Père très saint, Dieu éternel et tout-puissant. Car la révélation de ta gloire s'est éclairée pour nous d'une lumière nouvelle dans le mystère du Verbe incarné. Maintenant, nous connaissons en lui Dieu qui s'est rendu visible à nos yeux, et nous sommes entraînés par lui à aimer ce qui demeure invisible. C'est pourquoi, avec les anges et les archanges, avec les puissances d'en haut et tous les esprits bienheureux, nous chantons l'hymne de ta gloire et sans fin nous proclamons : **Saint ! Saint ! Saint...**

2e préface de la Nativité

La restauration universelle dans l'Incarnation

Vraiment, il est juste et bon, pour ta gloire et notre salut, de t'offrir notre action de grâce, toujours et en tout lieu, Seigneur, Père très saint, Dieu éternel et tout-puissant, par le Christ, notre Seigneur. Dans le mystère de la Nativité, celui qui par nature est invisible s'est rendu visible en notre chair ; engendré avant le temps, il entre dans le cours du temps. Relevant en lui la création déchue, il restaure toute chose et ramène l'homme perdu vers le royaume des Cieux. C'est pourquoi nous te louons avec tous les anges et, dans la joie, nous te célébrons en proclamant : **Saint ! Saint ! Saint...**

3e préface de la Nativité

L'échange entre Dieu et les hommes dans l'Incarnation du Verbe

Vraiment, il est juste et bon, pour ta gloire et notre salut, de t'offrir notre action de grâce, toujours et en tout lieu, Seigneur, Père très saint, Dieu éternel et tout-puissant, par le Christ, notre Seigneur. Par lui resplendit en ce jour l'échange merveilleux où nous sommes régénérés : lorsque ton Verbe prend sur lui la fragilité humaine, notre condition mortelle en reçoit une infinie noblesse ; il devient tellement l'un de nous que nous devenons éternels. C'est pourquoi, unis au chœur des anges, nous te louons dans la joie en proclamant :

Saint ! Saint ! Saint,
le Seigneur, Dieu de l'univers !
Le ciel et la terre
sont remplis de ta gloire.
Hosanna au plus haut des cieux.
Béni soit celui qui vient
au nom du Seigneur.
Hosanna au plus haut des cieux.

Sanctus, Sanctus, Sanctus
Dominus Deus Sabaoth.
Pleni sunt cæli et terra gloria tua.
Hosanna in excelsis.
Benedictus qui venit in nomine Domini.
Hosanna in excelsis.

• *Prière eucharistique* **1**
« Toi, Père très aimant… » .... *p. 236*
• *Prière eucharistique* **2**
« Toi qui es vraiment saint… » .... *p. 241*
• *Prière eucharistique* **3**
« Tu es vraiment saint… » .... *p. 243*
• *Prière eucharistique* **4**
« Père très saint… » .... *p. 247*

Prière eucharistique nº 1

(Préfaces : p. 233)

Toi, Père très aimant, nous te prions et te supplions par Jésus Christ, ton Fils, notre Seigneur, d'accepter et de bénir + ces dons, ces offrandes, sacrifice pur et saint, que nous te présentons avant tout pour ta sainte Église catholique : accorde-lui la paix et protège-la, daigne la rassembler dans l'unité et la gouverner par toute la terre ; nous les présentons en union avec ton serviteur notre pape N., notre évêque N., et tous ceux qui gardent fidèlement la foi catholique reçue des Apôtres.

Souviens-toi, Seigneur, de tes serviteurs et de tes servantes (de N. et de N.), et de tous ceux qui sont ici réunis, dont tu connais la foi et l'attachement. Nous t'offrons pour eux, ou ils t'offrent pour eux-mêmes et tous les leurs ce sacrifice de louange, pour leur propre rédemption, pour la paix, et le salut qu'ils espèrent ; ils te rendent cet hommage, à toi, Dieu éternel, vivant et vrai.

(1) **En semaine :**

• Unis dans une même communion, vénérant d'abord la mémoire de la bienheureuse Marie toujours vierge, Mère de notre Dieu et Seigneur, Jésus Christ, •••

(2) **Le dimanche :**

• Unis dans une même communion, nous célébrons le jour où le Christ est ressuscité d'entre les morts ; et vénérant d'abord la mémoire de la bienheureuse Marie toujours vierge, Mère de notre Dieu et Seigneur, Jésus Christ, •••

(3) **Pour l'Immaculée Conception :**

• Unis dans une même communion, nous célébrons le jour où la Vierge Marie a été conçue sans la faute originelle, puisque tu l'avais choisie pour être la Mère du Sauveur ; et vénérant d'abord la mémoire de cette Vierge bienheureuse, la Mère de notre Dieu et Seigneur, Jésus Christ, •••

(4) **De la Nativité au 1er janvier :**
• Unis dans une même communion, nous célébrons (la nuit très sainte) le jour très saint où Marie, dans la gloire de sa virginité, enfanta le Sauveur du monde ; et vénérant d'abord la mémoire de cette Vierge bienheureuse, la Mère de notre Dieu et Seigneur, Jésus Christ, •••

••• et celle de saint Joseph, son époux, des bienheureux Apôtres et martyrs Pierre et Paul, André, [Jacques et Jean, Thomas, Jacques et Philippe, Barthélemy et Matthieu, Simon et Jude, Lin, Clet, Clément, Sixte, Corneille et Cyprien, Laurent, Chrysogone, Jean et Paul, Côme et Damien,] et de tous les saints, nous t'en supplions : accorde-nous, par leur prière et leurs mérites, d'être toujours et partout, forts de ton secours et de ta protection. [Par le Christ, notre Seigneur. Amen.]

Voici donc l'offrande que nous présentons devant toi, nous, tes serviteurs, et ta famille entière : Seigneur, dans ta bienveillance, accepte-la. Assure toi-même la paix de notre vie, arrache-nous à la damnation éternelle et veuille nous admettre au nombre de tes élus. [Par le Christ, notre Seigneur. Amen.]

Seigneur Dieu, nous t'en prions, daigne bénir et accueillir cette offrande, accepte-la pleinement, rends-la parfaite et digne de toi : qu'elle devienne pour nous le corps et le sang de ton Fils bien-aimé, Jésus, le Christ, notre Seigneur.

La veille de sa passion, il prit le pain dans ses mains très saintes et, les yeux levés au ciel, vers toi, Dieu, son Père tout-puissant, en te rendant grâce il dit la bénédiction, il rompit le pain, et le donna à ses disciples, en disant : « **Prenez, et mangez-en tous** : ceci est mon corps livré pour vous. »

De même, après le repas, il prit cette coupe incomparable dans ses mains très saintes ; et, te rendant grâce à nouveau, il dit la bénédiction, et donna la coupe à ses disciples, en disant : « **Prenez, et buvez-en tous**, car ceci est la coupe de mon sang, le sang de l'Alliance nouvelle et éternelle, qui sera versé pour vous et pour la multitude en rémission des péchés. Vous ferez cela en mémoire de moi. »

(1) Il est grand, le mystère de la foi :
— *Nous annonçons ta mort, Seigneur Jésus, nous proclamons ta résurrection, nous attendons ta venue dans la gloire.*

(2) Acclamons le mystère de la foi :
— *Quand nous mangeons ce pain et buvons à cette coupe, nous annonçons ta mort, Seigneur ressuscité, et nous attendons que tu viennes.*

(3) Qu'il soit loué, le mystère de la foi :
— *Sauveur du monde, sauve-nous !*
Par ta croix et ta résurrection, tu nous as libérés.

ou:

Proclamons le mystère de la foi :
— *Gloire à toi qui étais mort,*
gloire à toi qui es vivant,
notre Sauveur et notre Dieu :
viens, Seigneur Jésus !

Mysterium fidei.
(1) – *Mortem tuam annuntiamus, Domine, et tuam resurrectionem confitemur, donec venias.*
(2) – *Quotiescumque manducamus panem hunc et calicem bibimus, mortem tuam annuntiamus, Domine, donec venias.*
(3) – *Salvator mundi, salva nos, qui per crucem et resurrectionem tuam liberasti nos.*

Prière eucharistique n° 1

Voilà pourquoi nous, tes serviteurs, et ton peuple saint avec nous, faisant mémoire de la passion bienheureuse de ton Fils, Jésus, le Christ, notre Seigneur, de sa résurrection du séjour des morts et de sa glorieuse ascension dans le ciel, nous te présentons, Dieu de gloire et de majesté, cette offrande prélevée sur les biens que tu nous donnes, le sacrifice pur et saint, le sacrifice parfait, pain de la vie éternelle et coupe du salut. Et comme il t'a plu d'accueillir les présents de ton serviteur Abel le Juste, le sacrifice d'Abraham, notre père dans la foi, et celui que t'offrit Melkisédek, ton grand prêtre, oblation sainte et immaculée, regarde ces offrandes avec amour et, dans ta bienveillance, accepte-les. Nous t'en supplions, Dieu tout-puissant : qu'elles soient portées par les mains de ton saint Ange en présence de ta gloire, sur ton autel céleste, afin qu'en recevant ici, par notre communion à l'autel, le corps et le sang très saints de ton Fils, nous soyons comblés de la grâce et de toute bénédiction du ciel. [Par le Christ, notre Seigneur. Amen.]

Souviens-toi aussi, Seigneur, de tes serviteurs et de tes servantes (de N. et N.) qui nous ont précédés, marqués du signe de la foi, et qui dorment dans la paix. Pour eux et pour tous ceux qui reposent dans le Christ, nous implorons ta bonté, Seigneur : qu'ils demeurent dans la joie, la lumière et la paix. [Par le Christ, notre Seigneur. Amen.]

Et nous pécheurs, tes serviteurs, qui mettons notre espérance en ta miséricorde inépuisable, admets-nous dans la communauté des saints Apôtres et martyrs, avec Jean Baptiste, Étienne, Matthias et Barnabé, [Ignace, Alexandre, Marcellin et Pierre, Félicité et Perpétue, Agathe, Lucie, Agnès, Cécile, Anastasie,] et tous les saints ; nous t'en prions, accueille-nous dans leur compagnie, sans nous juger sur le mérite mais en accordant largement ton pardon. Par le Christ, notre Seigneur. Par lui, tu ne cesses de créer tous ces biens, tu les sanctifies, leur donnes la vie, les bénis, et nous en fais le don.

Par lui, avec lui et en lui, à toi, Dieu le Père tout-puissant, dans l'unité du Saint-Esprit, tout honneur et toute gloire, pour les siècles des siècles.

– *Amen.*

Vient ensuite le rite de la communion, p. 251.

Prière eucharistique nº 2

(On peut aussi choisir une autre préface.)

Vraiment, Père très saint, il est juste et bon, pour ta gloire et notre salut, de t'offrir notre action de grâce, toujours et en tout lieu, par ton Fils bien-aimé, Jésus, le Christ : il est ta parole par qui tu as créé toutes choses ; c'est lui que tu nous as envoyé comme Rédempteur et Sauveur, Dieu fait homme, conçu de l'Esprit Saint, né de la Vierge Marie. Pour accomplir jusqu'au bout ta volonté et rassembler un peuple saint qui t'appartienne, il étendit les mains à l'heure de sa passion, afin de briser la mort, et de manifester la résurrection. C'est pourquoi, avec les anges et tous les saints, nous chantons ta gloire, et d'une seule voix nous proclamons :

Saint ! Saint ! Saint,
le Seigneur, Dieu de l'univers !
Le ciel et la terre sont
remplis de ta gloire.
Hosanna au plus haut des cieux.
Béni soit celui qui vient
au nom du Seigneur.
Hosanna au plus haut des cieux.

(Voir p. 235 pour la version latine.)

(1) En semaine :

• Toi qui es vraiment saint, toi qui es la source de toute sainteté, Seigneur, nous te prions : •••

(2) Le dimanche :

• Toi qui es vraiment saint, toi qui es la source de toute sainteté, Dieu notre Père, nous voici rassemblés devant toi, et, dans la communion de toute l'Église, nous célébrons le jour où le Christ est ressuscité d'entre les morts. Par lui que tu as élevé à ta droite, nous te prions : •••

(3) Pour l'Immaculée Conception :

• Toi qui es vraiment saint, toi qui es la source de toute sainteté, Dieu notre Père, nous voici rassemblés devant toi et, dans la communion de toute l'Église, nous célébrons le jour où la Vierge Marie a été conçue sans la faute originelle, puisque tu l'avais choisie pour être la Mère du Sauveur. Par lui, qui a enlevé le péché du monde, nous te prions : •••

(4) De la Nativité au 1er janvier :

• Toi qui es vraiment saint, toi qui es la source de toute sainteté, Dieu notre Père, nous voici rassemblés devant toi, et, dans la communion de toute l'Église, nous célébrons (la nuit très sainte) le jour très saint où Marie, dans la gloire de sa virginité, enfanta le Sauveur du monde. Par lui, notre Rédempteur et notre Seigneur, nous te prions : •••

••• Sanctifie ces offrandes en répandant sur elles ton Esprit ; qu'elles deviennent pour nous le corps et ✠ le sang de Jésus, le Christ, notre Seigneur.

Au moment d'être livré et d'entrer librement dans sa passion, il prit le pain, il rendit grâce, il le rompit et le donna à ses disciples, en disant : « **Prenez, et mangez-en tous** : ceci est mon corps livré pour vous. »
De même, après le repas, il prit la coupe ; de nouveau il rendit grâce, et

la donna à ses disciples, en disant : « **Prenez, et buvez-en tous,** car ceci est la coupe de mon sang, le sang de l'Alliance nouvelle et éternelle, qui sera versé pour vous et pour la multitude en rémission des péchés. Vous ferez cela en mémoire de moi. »

(1) Il est grand, le mystère de la foi :
— Nous annonçons ta mort, Seigneur Jésus, nous proclamons ta résurrection, nous attendons ta venue dans la gloire.

(2) Acclamons le mystère de la foi :
— Quand nous mangeons ce pain et buvons à cette coupe, nous annonçons ta mort, Seigneur ressuscité,
et nous attendons que tu viennes.

(3) Qu'il soit loué, le mystère de la foi :
— Sauveur du monde, sauve-nous !
Par ta croix et ta résurrection,
tu nous as libérés.

ou
Proclamons le mystère de la foi :
— Gloire à toi qui étais mort, gloire à toi qui es vivant, notre Sauveur et notre Dieu : viens, Seigneur Jésus !
(Voir p. 238 pour la version latine.)

En faisant ainsi mémoire de la mort et de la résurrection de ton Fils, nous t'offrons, Seigneur, le pain de la vie et la coupe du salut, et nous te rendons grâce, car tu nous as estimés dignes de nous tenir devant toi pour te servir. Humblement, nous te demandons qu'en ayant part au corps et au sang du Christ, nous soyons rassemblés par l'Esprit Saint en un seul corps.

Souviens-toi, Seigneur, de ton Église répandue à travers le monde : fais-la grandir dans ta charité en union avec notre pape N., notre évêque N., et tous les évêques, les prêtres et les diacres.

Souviens-toi aussi de nos frères et sœurs qui se sont endormis dans l'espérance de la résurrection, et souviens-toi, dans ta miséricorde, de tous les défunts : accueille-les dans la lumière de ton visage.

Sur nous tous enfin, nous implorons ta bonté : permets qu'avec la Vierge Marie, la bienheureuse Mère de Dieu, avec saint Joseph, son époux, les Apôtres et tous les saints qui ont fait ta joie au long des âges, nous ayons part à la vie éternelle et que nous chantions ta louange et ta gloire, par ton Fils Jésus, le Christ.

Par lui, avec lui et en lui, à toi, Dieu le Père tout-puissant, dans l'unité du Saint-Esprit, tout honneur et toute gloire, pour les siècles des siècles.

– *Amen.*

Vient ensuite le rite de la communion, p. 251.

Prière eucharistique nº 3

(Préfaces : p. 233)

Tu es vraiment saint, Dieu de l'univers, et il est juste que toute la création proclame ta louange, car c'est toi qui donnes la vie, c'est toi qui sanctifies toutes choses, par ton Fils, Jésus Christ, notre Seigneur, avec la puissance de l'Esprit Saint ; et tu ne cesses de rassembler ton peuple, afin que, du levant au couchant du soleil, une offrande pure soit présentée à ton nom.

(1) **En semaine :**

• C'est pourquoi nous te supplions, Seigneur, de consacrer toi-même les offrandes que nous apportons : •••

(2) **Le dimanche :**

• C'est pourquoi nous voici rassemblés devant toi, Dieu notre Père, et, dans la communion de toute l'Église, nous célébrons le jour où le Christ est ressuscité d'entre les morts. Par lui, que tu as élevé à ta droite, nous te supplions de consacrer toi-même les offrandes que nous apportons : •••

(3) **Pour l'Immaculée Conception :**
• C'est pourquoi nous voici rassemblés devant toi, Dieu notre Père, et, dans la communion de toute l'Église, nous célébrons le jour où la Vierge Marie a été conçue sans la faute originelle, puisque tu l'avais choisie pour être la Mère du Sauveur. Par lui, qui a enlevé le péché du monde, nous te supplions de consacrer toi-même les offrandes que nous apportons : •••

(4) **De la Nativité au 1er janvier :**
• C'est pourquoi nous voici rassemblés devant toi, Dieu notre Père, et, dans la communion de toute l'Église, nous célébrons (la nuit très sainte) le jour très saint où Marie, dans la gloire de sa virginité, enfanta le Sauveur du monde. Par lui, notre Rédempteur et notre Seigneur, nous te supplions de consacrer toi-même les offrandes que nous apportons : •••

••• Sanctifie-les par ton Esprit pour qu'elles deviennent le corps + et le sang de ton Fils, Jésus Christ, notre Seigneur, qui nous a dit de célébrer ce mystère.

La nuit même où il fut livré, il prit le pain, en te rendant grâce il dit la bénédiction, il rompit le pain, et le donna à ses disciples, en disant : « **Prenez, et mangez-en tous** : ceci est mon corps livré pour vous. »

De même, après le repas, il prit la coupe ; en te rendant grâce il dit la bénédiction, et donna la coupe à ses disciples, en disant :
« **Prenez, et buvez-en tous**, car ceci est la coupe de mon sang, le sang de l'Alliance nouvelle et éternelle, qui sera versé pour vous et pour la multitude en rémission des péchés. Vous ferez cela en mémoire de moi. »

(1) Il est grand, le mystère de la foi :
— Nous annonçons ta mort, Seigneur Jésus, nous proclamons ta résurrection, nous attendons ta venue dans la gloire.

(2) Acclamons le mystère de la foi :
— Quand nous mangeons ce pain et buvons à cette coupe, nous annonçons ta mort, Seigneur ressuscité, et nous attendons que tu viennes.

(3) Qu'il soit loué, le mystère de la foi :
— Sauveur du monde, sauve-nous !
Par ta croix et ta résurrection,
tu nous as libérés.

ou:

Proclamons le mystère de la foi :
— Gloire à toi qui étais mort,
gloire à toi qui es vivant,
notre Sauveur et notre Dieu:
viens, Seigneur Jésus !

(Voir p. 238 pour la version latine.)

En faisant ainsi mémoire de ton Fils, de sa passion qui nous sauve, de sa glorieuse résurrection et de son ascension dans le ciel, alors que nous attendons son dernier avènement, nous t'offrons, Seigneur, en action de grâce, ce sacrifice vivant et saint. Regarde, nous t'en prions, l'oblation de ton Église, et daigne y reconnaître ton Fils qui, selon ta volonté, s'est offert en sacrifice pour nous réconcilier avec toi. Quand nous serons nourris de son corps et de son sang, et remplis de l'Esprit Saint, accorde-nous d'être un seul corps et un seul esprit dans le Christ.

Que l'Esprit Saint fasse de nous une éternelle offrande à ta gloire, pour que nous obtenions un jour l'héritage promis, avec tes élus : en premier lieu la bienheureuse Vierge Marie, Mère de Dieu, avec saint Joseph, son époux, les bienheureux Apôtres, les glorieux martyrs, (saint N.) et tous les saints, qui ne cessent d'intercéder auprès de toi et nous assurent de ton secours.

Prière eucharistique nº 3

Et maintenant nous te supplions, Seigneur : par le sacrifice qui nous réconcilie avec toi, étends au monde entier le salut et la paix. Affermis ton Église, en pèlerinage sur la terre, dans la foi et la charité, en union avec ton serviteur notre pape N., et notre évêque N., l'ensemble des évêques, les prêtres, les diacres, et tout le peuple que tu as racheté. Écoute, en ta bonté, les prières de ta famille, que tu as voulu rassembler devant toi. Dans ta miséricorde, ramène à toi, Père très aimant, tous tes enfants dispersés.

Pour nos frères et sœurs défunts, et pour tous ceux qui ont quitté ce monde et trouvent grâce devant toi, nous te prions : en ta bienveillance, accueille-les dans ton Royaume, où nous espérons être comblés de ta gloire, tous ensemble et pour l'éternité, par le Christ, notre Seigneur, par qui tu donnes au monde toute grâce et tout bien.

Par lui, avec lui et en lui, à toi, Dieu le Père tout-puissant, dans l'unité du Saint-Esprit, tout honneur et toute gloire, pour les siècles des siècles.

— Amen.

Vient ensuite le rite de la communion, p. 251.

Prière eucharistique n° 4

Vraiment, il est bon de te rendre grâce, il est juste et bon de te glorifier, Père très saint, car tu es le seul Dieu, le Dieu vivant et vrai : toi qui es avant tous les siècles, tu demeures éternellement, lumière au-delà de toute lumière. Toi, le Dieu de bonté, la source de la vie, tu as fait le monde pour que toute créature soit comblée de tes bénédictions, et que beaucoup se réjouissent de l'éclat de ta lumière. Ainsi, la foule innombrable des anges qui te servent jour et nuit se tiennent devant toi, et, contemplant la splendeur de ta face, n'interrompent jamais leur louange. Unis à leur hymne d'allégresse, avec la création tout entière qui t'acclame par nos voix, Dieu, nous te chantons (louons) :

Saint ! Saint ! Saint,
le Seigneur, Dieu de l'univers !
Le ciel et la terre
sont remplis de ta gloire.
Hosanna au plus haut des cieux.
Béni soit celui qui vient
au nom du Seigneur.
Hosanna au plus haut des cieux.

(Voir p. 235 pour la version latine.)

Père très saint, nous proclamons que tu es grand et que tu as fait toutes choses avec sagesse et par amour : tu as créé l'homme à ton image et tu lui as confié l'univers, afin qu'en te servant, toi seul, son Créateur, il règne sur la création. Comme il avait perdu ton amitié par sa désobéissance, tu ne l'as pas abandonné au pouvoir de la mort. Dans ta miséricorde, tu es venu en aide à tous les hommes pour qu'ils te cherchent et puissent te trouver. Tu as multiplié les alliances avec eux, et tu les as formés, par les prophètes, dans l'espérance du salut. Tu as tellement aimé le monde, Père très saint, que tu nous as envoyé ton Fils unique, lorsque les temps furent accomplis, pour qu'il soit notre Sauveur. Dieu fait homme, conçu de l'Esprit Saint, né de la Vierge Marie, il a vécu notre condition humaine en toute chose, excepté le péché, annonçant aux pauvres la bonne nouvelle du salut ; aux captifs, la délivrance ; aux affligés, la joie. Pour accomplir le dessein de ton amour, il s'est livré lui-même à la mort, et, par sa résurrection, il a détruit la mort et renouvelé la vie. Afin que désormais notre vie ne soit plus à nous-mêmes, mais à lui qui est mort et ressuscité pour nous, il a envoyé d'auprès de toi, Père, comme premier don fait aux croyants, l'Esprit Saint qui continue son œuvre dans le monde et achève toute sanctification.

Que ce même Esprit Saint, nous t'en prions, Seigneur, sanctifie ces offrandes : qu'elles deviennent ainsi le corps + et le sang de notre Seigneur Jésus, le Christ, dans la célébration de ce grand mystère, que lui-même nous a laissé en signe de l'Alliance éternelle.

Quand l'heure fut venue où tu allais le glorifier, Père très saint, comme il avait aimé les siens qui étaient dans le monde, il les aima jusqu'au bout : pendant le repas qu'il partageait avec eux, il prit le pain, dit la bénédiction, le rompit et le donna à ses disciples, en disant :

« **Prenez, et mangez-en tous** : ceci est mon corps livré pour vous. »

De même, il prit la coupe remplie de vin, il rendit grâce, et la donna à ses disciples, en disant :

« **Prenez, et buvez-en tous**, car ceci est la coupe de mon sang, le sang de l'Alliance nouvelle et éternelle, qui sera versé pour vous et pour la multitude en rémission des péchés. Vous ferez cela en mémoire de moi. »

(1) Il est grand, le mystère de la foi :

— Nous annonçons ta mort,
Seigneur Jésus,
nous proclamons ta résurrection,
nous attendons ta venue dans la gloire.

(2) Acclamons le mystère de la foi :
— Quand nous mangeons ce pain et buvons à cette coupe, nous annonçons ta mort, Seigneur ressuscité, et nous attendons que tu viennes.

(3) Qu'il soit loué, le mystère de la foi :
— Sauveur du monde, sauve-nous! Par ta croix et ta résurrection, tu nous as libérés.

ou :

Proclamons le mystère de la foi :
— Gloire à toi qui étais mort, gloire à toi qui es vivant, notre Sauveur et notre Dieu : viens, Seigneur Jésus !

(Voir p. 238 pour la version latine.)

Voilà pourquoi, Seigneur, nous célébrons aujourd'hui le mémorial de notre rédemption : en rappelant la mort du Christ et sa descente au séjour des morts, en proclamant sa résurrection et son ascension à ta droite, en attendant sa venue dans la gloire, nous t'offrons son corps et son sang, le sacrifice qui est digne de toi et qui sauve le monde entier. Regarde, Seigneur, celui qui s'offre dans le sacrifice que toi-même as préparé pour ton Église, et, dans ta bonté, accorde à tous ceux qui vont partager ce pain et boire à cette coupe d'être rassemblés par l'Esprit Saint en un seul corps, pour qu'ils deviennent eux-mêmes dans le Christ une vivante offrande à la louange de ta gloire.

Et maintenant, Seigneur, rappelle-toi tous ceux pour qui nous offrons le sacrifice : en premier lieu, ton serviteur notre pape N., notre évêque N., et l'ensemble des évêques, les prêtres et les diacres, les fidèles qui présentent cette offrande, les membres de notre assemblée, le peuple entier qui t'appartient, et tous ceux qui te cherchent avec droiture.

Prière eucharistique nº 4

Souviens-toi aussi de ceux qui sont morts dans la paix du Christ, et de tous les défunts dont toi seul connais la foi.

À nous qui sommes tes enfants, accorde, Père très bon, l'héritage de la vie éternelle auprès de la Vierge Marie, la bienheureuse Mère de Dieu, auprès de saint Joseph, son époux, des Apôtres et de tous les saints, dans ton Royaume. Nous pourrons alors, avec la création tout entière, enfin libérée de la corruption du péché et de la mort, te glorifier par le Christ, notre Seigneur, par qui tu donnes au monde toute grâce et tout bien.

Par lui, avec lui et en lui, à toi, Dieu le Père tout-puissant, dans l'unité du Saint-Esprit, tout honneur et toute gloire, pour les siècles des siècles. **— *Amen.***

Vient ensuite le rite de la communion, p. 251.

Notre Père

(1) Comme nous l'avons appris du Sauveur, et selon son commandement, nous osons dire :
(2) Unis dans le même Esprit, nous pouvons dire avec confiance la prière que nous avons reçue du Sauveur :

Notre Père qui es aux cieux, que ton nom soit sanctifié,
que ton règne vienne, que ta volonté soit faite sur la terre comme au ciel.
Donne-nous aujourd'hui notre pain de ce jour. Pardonne-nous nos offenses,
comme nous pardonnons aussi à ceux qui nous ont offensés.
Et ne nous laisse pas entrer en tentation, mais délivre-nous du Mal.

(3) Præceptis salutaribus moniti, et divina institutione formati, audemus dicere : Pater noster, qui es in cælis : sanctificetur nomen tuum ; adveniat regnum tuum ; fiat voluntas tua, sicut in cælo, et in terra. Panem nostrum cotidianum da nobis hodie ; et dimitte nobis debita nostra, sicut et nos dimittimus debitoribus nostris ; et ne nos inducas in tentationem ; sed libera nos a malo.

Délivre-nous de tout mal, Seigneur, et donne la paix à notre temps : soutenus par ta miséricorde, nous serons libérés de tout péché, à l'abri de toute épreuve, nous qui attendons que se réalise cette bienheureuse espérance : l'avènement de Jésus Christ, notre Sauveur.
— Car c'est à toi qu'appartiennent le règne,
la puissance et la gloire pour les siècles des siècles !

Échange de la paix

Seigneur Jésus Christ, tu as dit à tes Apôtres : « Je vous laisse la paix, je vous donne ma paix » ; ne regarde pas nos péchés mais la foi de ton Église ; pour que ta volonté s'accomplisse, donne-lui toujours cette paix, et conduis-la vers l'unité parfaite, toi qui vis et règnes pour les siècles des siècles. **– *Amen.***
Que la paix du Seigneur soit toujours avec vous. **– *Et avec votre esprit.***
Dans la charité du Christ, donnez-vous la paix.

Fraction du pain

Que le corps et le sang de notre Seigneur Jésus Christ, réunis dans cette coupe, nourrissent en nous la vie éternelle.

Agneau de Dieu

Agneau de Dieu, qui enlèves les péchés du monde, prends pitié de nous. *(bis)*
Agneau de Dieu, qui enlèves les péchés du monde, donne-nous la paix.

Agnus Dei, qui tollis peccata mundi, miserere nobis. (bis)
Agnus Dei, qui tollis peccata mundi, dona nobis pacem.

Communion

(1) Seigneur Jésus Christ, Fils du Dieu vivant, selon la volonté du Père et avec la puissance du Saint-Esprit, tu as donné, par ta mort, la vie au monde ; que ton corps et ton sang très saints me délivrent de mes péchés et de tout mal ; fais que je demeure fidèle à tes commandements et que jamais je ne sois séparé de toi.

(2) Seigneur Jésus Christ, que cette communion à ton corps et à ton sang n'entraîne pour moi ni jugement ni condamnation; mais que, par ta bonté, elle soutienne mon esprit et mon corps et me donne la guérison.

Voici l'Agneau de Dieu, voici celui qui enlève les péchés du monde.
Heureux les invités au repas des noces de l'Agneau!

— Seigneur, je ne suis pas digne de te recevoir;
mais dis seulement une parole, et je serai guéri.

Chant de communion *ou antienne de la communion.*

Prière après la communion *voir à la date du jour.*

RITE DE CONCLUSION

Le Seigneur soit avec vous.

— Et avec votre esprit.

Que Dieu tout-puissant vous bénisse, le Père, et le Fils, + et le Saint-Esprit.

— Amen.

Puis le diacre, ou le prêtre lui-même, les mains jointes, tourné vers l'assemblée, dit:

(1) Allez, dans la paix du Christ.
(2) Allez porter l'Évangile du Seigneur.
(3) Allez en paix, glorifiez le Seigneur par votre vie.
(4) Allez en paix.

— Nous rendons grâce à Dieu.

Chants pour la célébration

Les chants en rouge sont consultables à la page indiquée. **Les chants en noir** sont référencés avec leur cote SECLI.

	Ouverture	Renvoi	Communion / Action de grâce	Renvoi
7 déc.	Préparez, à travers le désert	p. 256	Approchons-nous de la table	p. 266
	Aube nouvelle	E130	Vienne la rosée	ELH 103
	Écoute la voix du Seigneur	X548	En mémoire du Seigneur	D304-1
14 déc.	Peuples, criez de joie	MY27	Voici le corps et le sang du Seigneur	D44-80
	Jubilez, criez de joie	p. 255	Réjouissons-nous, soyons dans la joie	EA53-54
	Préparez le chemin du Seigneur	E13-95	Toi qui viens pour tout sauver	p. 265
21 déc.	Habiter le seuil de ta maison	p. 258	Demeurez en mon amour	
	Au cœur de ce monde	EA238-1	Toi qui ravis le cœur de Dieu	VP136-2
	Debout resplendis	KX230	La première en chemin, Marie	p. 264
25 déc. nuit	Les anges dans nos campagnes	p. 261	Douce nuit	p. 267
	Christ est là, dans la nuit	p. 260	Entre le bœuf et l'âne gris	
	Noël nouvelet	EDIT952	En marchant vers toi, Seigneur	p. 267
25 déc. jour	Dans la nuit de Noël	FX547	Terre de Noël	FD36-01
	Il est né le Divin Enfant	p. 263	C'est Noël tous les jours	p. 268
	Lumière dans nos vies, Emmanuel	p. 262	Vienne la paix	M150-1
28 déc.	Il est venu marcher sur nos routes	p. 259	Venez, approchez-vous !	EDIT16-28
	Un enfant est né	EDIT14-06	Notre Dieu s'est fait homme	EDIT15-56
	Tout le ciel s'emplit	F58	Joseph et son épouse	p. 269

Suggestions pour décembre 2025 proposées par Thibault Van Den Driessche, avec ChantonsenÉglise

Jubilez, criez de joie (Ouverture/Envoi)

U52-42 ; T. : A. Guillevic ; M. : C. Le Marec ; Éd. Voix Nouvelles.

Refrain : **Jubilez, criez de joie, par le Fils et dans l'Esprit,**
Dieu nous ouvre un avenir !
Jubilez, criez de joie, il nous donne par la foi,
un amour qui fait grandir.

① **Rendons grâce à notre Père car de lui vient toute vie,**
pour ce temps de notre terre rayonnant de son Esprit.

② **Acclamons tous la victoire de Jésus ressuscité,**
il s'élève dans la gloire où nous sommes appelés.

③ **À l'Esprit qui nous éclaire, la louange des vivants,**
il nous mène vers le Père qui nous prend pour ses enfants.

④ **Pour l'Église des apôtres, pour l'Église des martyrs,**
pour l'amour donné aux autres, seul chemin vers l'avenir.

⑤ **Pour l'Église au long des âges, assemblée des bienheureux,**
qui annonce le message de l'amour de notre Dieu.

⑥ **Pour l'Église encore en marche prenant vie en Jésus Christ,**
que par elle, l'homme sache le bonheur qui est promis.

Préparez, à travers le désert (Ouverture)

E74-18 ; T. et M. : Communauté de l'Emmanuel (C. Boet) ; Éd. de l'Emmanuel.

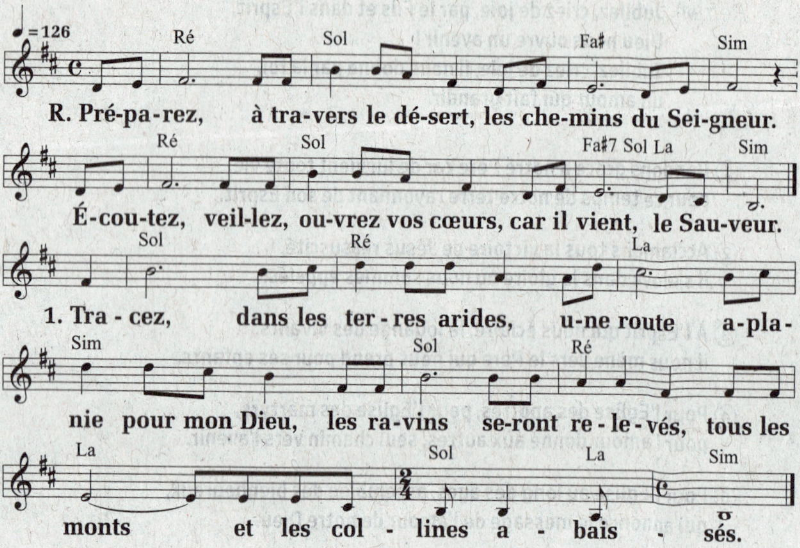

Refrain : **Préparez, à travers le désert,**
les chemins du Seigneur.
Écoutez, veillez, ouvrez vos cœurs,
car il vient, le Sauveur.

② Portez à mon peuple la joie,
consolez, consolez mes enfants,
proclamez le salut de Dieu,
le rachat et le pardon des péchés.

③ Voici, le Seigneur vient à nous,
et sa gloire en ce monde paraît.
Sa parole nous est donnée pour nos pas,
elle est lumière à jamais.

④ Élève avec force ta voix !
Le voici, ton berger, ne crains pas,
il rassemble tous ses enfants,
les conduit sur les chemins de la vie.

Habiter le seuil de ta maison *(Ouverture)*

E22-11 ; T. et M. : Communauté du Chemin Neuf; Artémas.

Refrain : **Habiter le seuil de ta maison, Seigneur, guetter le temps de ton retour.
Comme un veilleur guette le jour, rester dans l'amour de ton nom.**

① **Veiller pour être prêt
le jour où tu viendras,
préparer ton retour.
Viens, Seigneur, le monde a tant besoin de toi.**

② **Veiller en espérant
que se lève le jour,
annoncer ton retour.
Viens, Seigneur, le monde a tant besoin de toi.**

③ **Veiller pour accueillir
la promesse donnée,
témoigner de ce jour
Viens, Seigneur, le monde a tant besoin de toi.**

④ **Veiller pour accomplir
les œuvres de l'amour,
connaître ton retour.
Viens, Seigneur, le monde a tant besoin de toi.**

Il est venu marcher sur nos routes (Ouverture)

F50-21-2; T. : M. Scouarnec, CNPL; M. : M. Wackenheim; Bayard Liturgie.

Refrain : **Jésus Christ s'est levé parmi nous, Dieu a visité son peuple.**
Jésus Christ s'est levé parmi nous, Dieu a visité son peuple.

① Il est venu marcher sur nos routes,
partager notre vie, nos joies et nos peines.
Il est venu sauver tous les hommes,
nous apprendre à aimer et vaincre la haine.

② Celui qui croit renaît à la vie
et découvre l'espoir en Dieu qui le sauve.
Celui qui croit en Dieu notre Père
recevra par son Fils la vie éternelle.

③ L'aveugle voit, le mort ressuscite,
le boiteux est guéri, et joie pour le pauvre.
L'aveugle voit, le riche partage,
l'affamé est nourri et Dieu nous pardonne.

④ Il nous envoie par toute la terre
annoncer aux cœurs droits la Bonne Nouvelle.
Il nous envoie porter la lumière
et répandre la joie parmi nos frères.

⑤ Il reviendra un jour dans la gloire
pour nous prendre avec lui, au ciel près du Père.
Il reviendra juger notre monde
et donner à nos corps la vie éternelle.

Christ est là, dans la nuit (Ouverture)

EDIT411 ; T. : R. Facenila ; M. : M. Wackenheim ; Studio SM.

Les anges dans nos campagnes (Noël)

F9; T. : A.-M. Roguet; M. : F.-A. Gevaert; Musique et Liturgie.

① **Les anges dans nos campagnes**
ont entonné l'hymne des Cieux,
et l'écho de nos montagnes
redit ce chant mélodieux.

Refrain : **Gloria in excelsis Deo !**
Gloria in excelsis Deo !

② **Bergers, quittez vos retraites**
unissez-vous à leurs concerts,
et que vos tendres musettes
fassent retentir dans les airs :

③ **Il est né le roi céleste,**
le seul Très-Haut, le seul Seigneur,
en lui Dieu se manifeste
pour nous donner le vrai bonheur.

④ **Il apporte à tout le monde**
la paix, ce bien si précieux.
Aujourd'hui nos cœurs répondent
pour accueillir notre Dieu.

Lumière dans nos vies, Emmanuel (Ouverture)

K74-25 ; T. et M. : Communauté de l'Emmanuel (L. Pavageau) ; Éd. de l'Emmanuel.

② Jésus, ressuscité,
Sauveur et prince de paix.
À toi la majesté !
Ton règne dure à jamais !

③ Esprit venu d'en haut,
touche et transforme nos vies !
Fais-nous, dès aujourd'hui,
sortir et porter du fruit !

Il est né le Divin Enfant *(Noël)*

F56 ; Traditionnel ; Éd. Musique et liturgie.

Refrain : **Il est né le Divin Enfant, jour de fête aujourd'hui sur terre !**
Il est né le Divin Enfant, chantons tous son avènement !

① Le Sauveur que le monde attend
pour tout homme est la vraie lumière,
le Sauveur que le monde attend
est clarté pour tous les vivants.

② De la crèche au crucifiement,
Dieu nous livre un profond mystère,
de la crèche au crucifiement,
il nous aime inlassablement.

③ Qu'il revienne à la fin des temps
nous conduire à la joie du Père,
qu'il revienne à la fin des temps
et qu'il règne éternellement !

La première en chemin, Marie (Ouverture)

V565 ; T. : M.-C. Guédon ; M. : G. Lefebvre ; Studio SM.

① La première en chemin, Marie tu nous entraînes à risquer notre « oui »
aux imprévus de Dieu. Et voici qu'est semé en argile incertaine
de notre humanité Jésus Christ, Fils de Dieu.
Marche avec nous, Marie, sur nos chemins de foi,
ils sont chemins vers Dieu, ils sont chemins vers Dieu.

② La première en chemin, en hâte tu t'élances, prophète de celui qui a pris corps en toi.
La parole a surgi, tu es sa résonance,
et tu franchis des monts pour en porter la voix.
Marche avec nous, Marie, aux chemins de l'annonce,
ils sont chemins vers Dieu, ils sont chemins vers Dieu.

③ La première en chemin pour suivre au Golgotha
le Fils de ton amour que tous ont condamné. Tu te tiens là, debout,
au plus près de la croix pour recueillir la vie de son cœur transpercé.
Marche avec nous, Marie, sur nos chemins de croix,
ils sont chemins vers Dieu, ils sont chemins vers Dieu.

④ La première en chemin avec l'Église en marche
dès les commencements, tu appelles l'Esprit !
En ce monde aujourd'hui, assure notre marche ;
que grandisse le corps de ton Fils Jésus Christ !
Marche avec nous, Marie, aux chemins de ce monde,
ils sont chemins vers Dieu, ils sont chemins vers Dieu.

Toi qui viens pour tout sauver *(Action de grâce)*

EP68-2SM; T. : C. Rozier; M. : J. Bonfils, E. Enchiridion; Studio SM.

**① Toi qui viens pour tout sauver,
l'univers périt sans toi;
fais pleuvoir sur lui ta joie,
toi qui viens pour tout sauver.**

**② Viens sauver tes fils perdus,
dispersés, mourant de froid;
Dieu qui fus un jour en croix
viens sauver tes fils perdus.**

**③ Viens offrir encore ton pain
et ton vin aux miséreux,
pour qu'ils voient le don de Dieu,
viens offrir encore ton pain.**

**④ Toi qui viens pour tout sauver,
fais lever enfin le jour
de la paix dans ton amour,
toi qui viens pour tout sauver.**

Approchons-nous de la table (Communion)

D19-30; T. et M. : M. Dannaud; Éd. de l'Emmanuel.

② Voici l'admirable échange où le Christ prend sur lui nos péchés.
Mettons-nous en sa présence, il nous revêt de sa divinité.

③ Père, nous te rendons grâce pour ton Fils, Jésus Christ le Seigneur.
Par ton Esprit de puissance, rends-nous dignes de vivre de tes dons.

Douce nuit *(Nuit de Noël)*

F13 ; T. : R. P. Barjon, J. Mohr / M. : F. Gruber ; Musique et Liturgie (Chants notés, t. 1, p. 136).

① **Douce nuit, sainte nuit !**
Dans les cieux l'astre luit.
Le mystère annoncé s'accomplit.
Cet enfant, sur la paille endormi,
c'est l'amour infini ! *(bis)*

② **Saint enfant, doux Agneau !**
Qu'il est grand ! Qu'il est beau !
Entendez résonner les pipeaux,
des bergers conduisant
leurs troupeaux,
vers son humble berceau ! *(bis)*

③ **C'est vers nous, qu'il accourt**
en un don sans retour !
De ce monde ignorant de l'amour
où commence aujourd'hui son séjour,
qu'il soit Roi pour toujours ! *(bis)*

En marchant vers toi, Seigneur *(Communion)*

D380 ; T. : J.-P. Lécot ; M. : prose ancienne ; Éd. Pierre Zech.

Refrain : **En marchant vers toi, Seigneur, notre cœur est plein de joie :**
ta lumière nous conduit vers le Père, dans l'Esprit, au royaume de la vie.

① **Tu dissipes, ô Jésus Christ, les ténèbres du péché, car tu es lumière et vie,**
et tous ceux qui croient en toi, tu les nommes « Fils de Dieu ».

② **Dieu nous aime le premier, d'un amour fidèle et sûr, il nous donne Jésus Christ,**
qui nous sauve de la mort, en mourant sur une croix.

③ **Dieu demeure dans nos cœurs, et nous offre son amour, mais si nous l'aimons**
vraiment, nous devons aimer aussi, tous nos frères, près de nous.

C'est Noël tous les jours (Communion)

EDIT366 ; T. et M. : O. Vercruysse ; Studio SM.

Refrain : **C'est Noël sur la terre chaque jour,**
car Noël, ô mon frère, c'est l'amour.

1. **C'est Noël chaque fois**
qu'on essuie une larme
dans les yeux d'un enfant.
C'est Noël chaque fois
qu'on dépose les armes,
chaque fois qu'on s'entend.
C'est Noël chaque fois
qu'on arrête une guerre
et qu'on ouvre ses mains.
C'est Noël chaque fois
qu'on force la misère
à reculer plus loin.

2. **C'est Noël quand nos cœurs**
oubliant les offenses
sont vraiment fraternels.
C'est Noël quand enfin
se lève l'espérance
d'un amour plus réel.
C'est Noël quand soudain
se taisent les mensonges
faisant place au bonheur,
et qu'au fond de nos vies
la souffrance qui ronge
trouve un peu de douceur.

3. **C'est Noël dans les yeux**
du pauvre qu'on visite
sur son lit d'hôpital.
C'est Noël dans le cœur
de tous ceux qu'on invite
pour un bonheur normal.
C'est Noël dans les mains
de celui qui partage
aujourd'hui notre pain.
C'est Noël quand le gueux
oublie tous ses outrages
et ne sent plus sa faim.

Joseph et son épouse *(Cantilène / Enfants)*

U179; T. et M. : J. Gelineau; ADF © Studio SM.

② Ils frappent à l'auberge : on ne peut pas les recevoir.
Ils trouvent une étable : c'est là que leur enfant est né.

③ La Vierge l'emmaillote et, n'ayant pas où le coucher,
le met dans la mangeoire, le seul berceau qu'elle ait trouvé.

④ La nuit, dans la campagne, des bergers gardaient leurs troupeaux,
soudain, paraît un Ange et brille une clarté d'en haut.

⑤ Ils sont saisis de crainte : mais l'Ange les rassure et dit :
« Pour vous, bonne nouvelle ! Pour tout le peuple, grande joie ! »

⑥ « Aujourd'hui, vient de naître votre Messie, votre Sauveur.
Chantez avec les anges : gloire à Dieu au plus haut des cieux ! »

LES RENDEZ-VOUS DE DÉCEMBRE 2025 SOMMAIRE

Les rencontres dans l'évangile de Matthieu
Jacques Nieuviarts *p. 276*

Il y a 1700 ans : le Credo
Emmanuelle Billoteau
p. 281

Les seconds rôles dans la Bible
Anne Lécu
p. 278

Jubilé de l'espérance 2025
Sylvaine Lacout
p. 284

Les pages des nouveaux baptisés .... *p. 272*

Témoignage de lecteur .... *p. 286*
Question du mois .... *p. 288*
Église du monde .... *p. 290*
Reportage .... *p. 292*
Messes TV radio .... *p. 297*
Culture .... *p. 298*
Agenda .... *p. 301*

ÉDITORIAL

Des étoiles sur notre route

Karem Bustica
Rédactrice en chef de Prions en Église

« Il n'y a pas de frontières à l'espérance chrétienne. Espérer pour tous, c'est croire que nul n'est exclu du salut. »

L'Avent est ce temps précieux où l'Église nous invite à veiller dans la joie et à espérer avec confiance. C'est aussi le moment de recueillir les fruits de l'année jubilaire que nous venons de vivre et de nous demander comment continuer à marcher dans l'espérance, ensemble, en Église. Les jeunes rencontrés à Taizé, Kébalo Takouda à la Pierre-qui-Vire, le témoignage de Philippe, la prière d'Anne… sont autant d'étoiles pour orienter notre pèlerinage d'espérance.
Sylvaine Lacout, dans sa dernière chronique sur l'année jubilaire éclaire notre vocation à l'espérance dans les Écritures. Dans l'Évangile, l'espérance prend un visage nouveau avec la naissance, la mort et la résurrection de Jésus. Le Christ est né, mort et ressuscité pour tous, et cette espérance est universelle. Il n'y a pas de frontières à l'espérance chrétienne. Espérer pour tous, c'est croire que nul n'est exclu du salut, que chaque vie peut être relevée, illuminée, transformée. Espérer pour tous est notre vocation chrétienne. Joyeux Noël ! ■

Philippe, baptisé cette année

DR

Philippe, 42 ans, marié et père de deux enfants, est enseignant en lettres et en histoire géographie. Il habite à Amiens. Il a été baptisé à Pâques 2025.

3 QUESTIONS À PHILIPPE

1 Qu'est-ce qui vous porte dans votre foi ?

2 Qu'est-ce qui reste difficile ?

3 Qu'est-ce qui vous aide à grandir ?

1 J'ai construit ma foi au fil du temps et, aujourd'hui, je suis dans la joie de mon baptême. J'ai été baptisé dans ma paroisse à Pâques et j'ai été confirmé à la Pentecôte avec deux cent cinquante autres personnes du diocèse. Depuis, je me suis astreint à une règle de vie : je vais à la messe les dimanches et je prie régulièrement. Cela me soutient. Et j'ai décidé d'acquérir la culture religieuse que je n'ai pas. Comme je suis un intellectuel, je me suis lancé dans la lecture des écrits de saint Augustin. J'ai commencé par *Les Confessions* et, actuellement, je lis *La Cité de Dieu*. Cela nécessite que je m'intéresse au contexte de l'époque. C'est ma façon de connaître l'Église.

2 Pendant un temps, j'ai eu du mal à comprendre toutes les sensibilités cohabitant dans l'Église. Pourquoi existaient-elles ? J'en ai discuté avec un prêtre et cela ne me tracasse plus. Des doutes peuvent m'assaillir et des questions resurgissent à l'occasion. J'ai été élevé dans une famille où Dieu était absent. Vers 5 ou 6 ans, l'idée de Dieu m'a trotté dans la tête. J'en ai parlé à ma mère qui m'a juste répondu : « C'est bien. » À l'adolescence, l'existence de Dieu me semblait impossible puisqu'elle était indémontrable. À l'âge adulte, j'ai de nouveau commencé à me questionner : comment croire que la vie n'est due qu'au hasard ? Pourquoi la souffrance ? Quel est le but de la vie ?

3 Pendant que je me préparais au baptême, ma fille Jeanne faisait le même chemin que moi. Je l'accompagnais au caté, nous discutions ensemble. Je pourrais presque dire que j'ai eu une double catéchèse. Elle a 9 ans et a été baptisée début mai de cette année et a fait sa première communion fin juin. Ma femme et moi avons fait baptiser notre fils Victor âgé de 3 ans. Ma femme vient d'une famille catholique non pratiquante. Elle a été baptisée, elle est ouverte à ma démarche et est en train de redécouvrir la foi. Parler de la foi en famille librement est important. ■

Propos recueillis par
Geneviève Pasquier

Ce mois-ci, la rédaction vous recommande...

REGARDER UN FILM SUR JÉSUS

On peut proposer à Philippe de regarder en famille *Jésus de Nazareth*. Ce chef-d'œuvre de la fin des années 1970, réalisé par Franco Zeffirelli à la demande du pape Paul VI, nourrira ses échanges et sa compréhension du message chrétien à travers la vie du Christ. À l'origine conçu comme une mini-série en quatre épisodes, ce long métrage présente la vie de Jésus chronologiquement de la naissance à la Crucifixion et à la Résurrection, en suivant fidèlement les trois évangiles synoptiques. Le film a marqué les esprits. Certains évoquent le regard clair de Marie, jouée par l'actrice Olivia Hussey; d'autres le visage extatique et couronné d'épines de Jésus, interprété par l'acteur Robert Powell. Regarder à plusieurs un bon vieux film sur la vie de Jésus est une séance de catéchisme à domicile bienvenue pour les soirées d'hiver.

Coffret de 3 DVD (6 h 20), éditions Swift, 2020

INSTALLER UNE CRÈCHE CHEZ SOI

Vous a-t-on demandé si vous aviez une crèche chez vous ? L'idée ne vous avait pas traversé l'esprit car on ne vous a jamais expliqué le sens de cet objet. Matériellement, la crèche met en scène la Nativité avec Jésus, Marie, Joseph, sous forme de figurines. Symboliquement, la crèche matérialise notre crèche intérieure. Elle signifie que le Seigneur vient habiter chez nous, qu'il fait sa demeure à l'intime de nous-mêmes. Alors, si vous ne l'avez pas encore fait, n'hésitez pas à installer une crèche chez vous ! Vos amis de passage seront heureux de l'admirer et, qui sait, de se recueillir devant.

PARTICIPER À UN CONCERT DE NOËL

Vous aimez chanter ? Que vous soyez chanteur confirmé ou occasionnel, Noël est la période propice pour rejoindre une chorale. Renseignez-vous auprès de la personne qui anime les chants à la messe. Elle pourra vous mettre en relation avec des chorales amateurs. La sélection se fait sur la motivation et la régularité, rarement sur le niveau de solfège. Vous y trouverez une ambiance chaleureuse et bienveillante, et rencontrerez d'autres croyants heureux de se retrouver et de communier à travers le chant. Si aucun concert de Noël n'est prévu, il y a sûrement une chorale pour animer la messe de la nuit de Noël !

Texte : Aurore de Neuville

Jacques Nieuviarts, prêtre assomptionniste

L'étonnement de la rencontre

La première rencontre dans l'évangile de Matthieu est celle des mages venus d'Orient avec la Sainte Famille.

Dans le récit de la Nativité de Matthieu, pas de mangeoire ni d'étable, ni de bergers réveillés par le chant des anges dans le ciel, comme dans le récit de Luc. Chez lui, ce sont des mages partis d'Orient, des marcheurs à l'étoile qui, parvenus à Jérusalem, interrogent : « Où est le roi des Juifs qui vient de naître ? Nous avons vu son étoile à l'orient et nous sommes venus nous prosterner devant lui » (Mt 2, 2). Étonnamment, ils ont interprété l'astre, dans le droit fil de leur ancêtre Balaam, devin – païen – du roi de Moab, qui se laissa inspirer par le Seigneur et annonça le lever de l'étoile [le Messie] pour les temps à venir (cf. Nb 24, 17). Les mages viennent adorer le roi des Juifs qui vient de naître, mais Hérode ne s'y trompe pas, il ne peut y avoir deux rois en Israël. La place n'est pas à prendre ! Avec tout Jérusalem, il est en grand émoi. Ses scribes lisent les Écritures et désignent bien Bethléem comme lieu de la naissance du messie à venir. Eh bien, qu'ils aillent là-bas voir si c'est vrai, se dit Hérode, alors il ira lui aussi « se prosterner devant lui » ! L'étoile ne brille plus au-dessus de Jérusalem, emmurée dans le refus du rival, annonce, déjà, de la Passion. Mais elle est à nouveau lumineuse lorsque les mages reprennent leur marche, et ils sont au comble de la joie lorsqu'elle s'arrête « au-dessus de l'endroit où se trouvait l'enfant » (Mt 2, 9). Jérusalem a les livres qui ouvrent à la foi et devraient mettre en marche, mais au lieu de cela, elle a peur. Pourquoi ? Leur lecture, qui devrait être vivifiante, est devenue mortifère. Les mages, eux, ont leur chemin de chercheurs et de marcheurs à l'étoile, et ils sont comblés de joie lorsqu'ils « entrent dans la maison » et voient « l'enfant avec Marie sa mère ». Tombant aux pieds de l'enfant, ils se prosternent devant lui, ouvrent leurs coffrets et lui offrent leurs présents : de l'or, de l'encens et de la myrrhe. Le récit est soigneusement écrit pour que l'on comprenne d'emblée l'identité profonde de Jésus : l'homme des Béatitudes et du Royaume (désigné par l'or), le Fils de Dieu (l'encens), promis à la Passion (la myrrhe). Mais l'on saisit aussi le bonheur de tout chercheur de Dieu ou marcheur à l'étoile, comblé de joie dans la rencontre étonnée de celui que désigne l'étoile, et qui est au cœur de notre foi. ■

Tombant aux pieds de l'enfant, ils se prosternent devant lui, ouvrent leurs coffrets et lui offrent leurs présents.

Anne Lécu, dominicaine

L'ânesse de Balaam

Dans le livre des Nombres, du chapitre 22 au chapitre 24, nous lisons l'histoire de Balaam, devin païen et maître d'une ânesse clairvoyante.

Balaam, au service du roi de Moab, est un païen réputé pour ses qualités de voyance. Aussi, lorsque Balaq, le roi de Moab, voit arriver sur son territoire le peuple hébreu en train de traverser le désert, il s'inquiète et demande à son prophète de venir maudire le peuple pour s'en débarrasser. Balaam refuse une première fois, mais Balaq insiste et, finalement, avec un peu trop de précipitation, Balaam s'exécute et part sur son ânesse rejoindre Balaq.

L'âne, au temps de Balaam, c'est un peu la 2CV de l'époque, il accompagne l'homme au quotidien. Il n'est pas comme les autres animaux : en effet, on « rachète » le petit de l'homme et le petit de l'âne, tandis que l'on offre en sacrifice le premier né d'un troupeau. L'âne est un compagnon de l'homme, presque un ami.

Notre ânesse connaît bien son Balaam de maître et elle sait que parfois, bien qu'il soit voyant, il ne voit rien du tout. En tout cas, il ne voit pas l'ange du Seigneur qui se dresse devant lui pour lui barrer la route. La pauvre ânesse tente de contourner l'obstacle et se fait frapper par son maître qui prend cela pour un caprice. Et finalement, à la troisième apparition de l'ange, elle se couche et reprend une série de coups de cravache.

C'est alors qu'arrive un événement surprenant : « Le Seigneur ouvrit la bouche de l'ânesse qui dit à Balaam : "Que t'ai-je fait pour que tu me frappes par trois fois ?" » (Nb 22, 28). C'est la seule fois dans l'Écriture qu'un animal se met à parler. Comme si, pour ouvrir les yeux du voyant, il fallait d'abord lui ouvrir les oreilles. Balaam, toujours furieux, se fâche contre son ânesse. Mais ...

© Gaëtan Évrard

Première Alliance

« Et l'ânesse dit à Balaam : "Ne suis-je pas ton ânesse, celle que depuis toujours tu ne cesses de monter ? Ai-je l'habitude d'agir ainsi à ton égard ?" Et lui répondit : "Non !" »

Nombres 22, 30

… elle lui répond tout en douceur : « Ne suis-je pas ton ânesse, celle que depuis toujours tu ne cesses de monter ? Ai-je l'habitude d'agir ainsi à ton égard ? » (Nb 22, 30). Balaam acquiesce et ses yeux s'ouvrent. Il voit l'ange du Seigneur.

Chacun de nous peut être ainsi l'ânesse d'un autre et l'aider à retrouver la vue quand il s'enfonce dans une forme d'obstination, quitte à endurer quelques coups. Mais ce que nous apprend surtout l'ânesse de Balaam, c'est qu'il nous revient à chacun de faire attention à ceux qui, dans notre entourage, nous donnent discrètement des signes pour nous dessiller les yeux. Une fois réveillé de son obstination, Balaam, le voyant païen, va pouvoir assumer son rôle et bénir le peuple hébreu que Balaq lui avait demandé de maudire. Il devient ainsi une sorte de précurseur des mages : en voyant le peuple hébreu, ce qu'il voit, c'est « de loin », « un astre [qui] se lève, issu de Jacob » (Nb 24, 17). Tout cela, grâce à son ânesse. ■

Nouvelle Alliance

« Or, voici que des mages venus d'Orient arrivèrent à Jérusalem et demandèrent : "Où est le roi des Juifs qui vient de naître ? Nous avons vu son étoile à l'orient et nous sommes venus nous prosterner devant lui." » Matthieu 2, 1-2

IL Y A 1700 ANS : LE CREDO

Emmanuelle Billoteau, ermite

Le concile d'Éphèse

Le 1er janvier, huit jours après la Nativité, nous célébrerons Marie, Mère de Dieu. Un titre qui ne faisait pas l'unanimité dans l'Église ancienne. D'où la convocation du concile d'Éphèse en 431, le troisième des sept conciles œcuméniques reconnus par toutes les confessions chrétiennes.

De multiples questionnements ont suivi le Credo de Nicée-Constantinople, auxquels l'Église s'est efforcée de répondre : comment comprendre la consubstantialité du Père et du Fils ? Comment comprendre l'unité de la nature divine et de la nature humaine dans le Christ ? C'est dans ce contexte que le concile d'Éphèse a vu se déchirer les évêques en présence, pour n'aboutir qu'à la condamnation de Nestorius, patriarche de Constantinople, qui refusait à Marie le titre de « *Theotokos* » (« Mère de Dieu »), lui préférant celui de « mère du Christ ». Ce concile a néanmoins ouvert la voie à une clarification ultérieure dans un « édit d'union » (433), fruit du travail de deux grands théologiens, Cyrille d'Alexandrie et Jean d'Antioche, qui ont su surmonter •••

… leurs différences d'approche et de langage.

Cette querelle sur un titre à attribuer ou non à Marie revêt une portée christologique : à savoir les rapports de l'humanité et de la divinité dans l'unique personne du Christ. Nestorius se demandait : « Qui, dès lors, la Sainte Vierge a-t-elle enfanté ? L'homme ou le Verbe issu de Dieu ? » Pour lui et ses disciples, elle n'avait enfanté que l'homme Jésus. Dès avant le concile, Cyrille avait souligné le danger de cette position. Si, dit-il, « l'esprit contemple bien une certaine différence des natures – la divinité et l'humanité ne sont assurément pas la même chose » – il ne faut pas pour autant introduire une division dans le Christ, « en affirmant deux [êtres] après l'union » de ces natures (*Sur les trois écrits*, Sources Chrétiennes). La théologie alexandrine, que représente Cyrille, insistait sur l'unité du Christ. La théologie antiochienne, qui a formé Nestorius, insistait, quant à elle, sur la distinction des natures humaine et divine dans le Christ. Nestorius durcit cette orientation en introduisant une dissociation entre le Verbe de Dieu et Jésus de Nazareth, né de Marie. Le Verbe n'est pas né de Marie, comme il n'a pas souffert sa Passion. Marie ne peut donc être appelée Mère de Dieu. Dans sa *Lettre à Nestorius*, Cyrille s'en prend à des formules de ce type : « À cause de celui qui porte (le Verbe de Dieu), j'adore celui qui est porté (l'homme Jésus); à cause de l'invisible, j'adore celui qui est visible. » Et de poursuivre : « Parler ainsi c'est encore une fois diviser le Christ en deux christs, et mettre à part d'un côté l'homme et de l'autre le Dieu » (*Histoire des conciles œcuméniques,*

P. Th. Camelot). C'est dans la foulée du concile d'Éphèse, considéré comme un échec de par l'incapacité de la majorité des évêques à débattre dans une recherche de la concorde, que Jean d'Antioche et Cyrille d'Alexandrie ont abouti à un « édit d'union » : « Nous confessons notre Seigneur Jésus Christ, Fils unique de Dieu, Dieu parfait et homme parfait, composé d'une âme raisonnable et d'un corps, engendré du Père avant les siècles en sa divinité et, à la fin des temps, le même pour nous et notre salut né de la Vierge Marie en son humanité, le même consubstantiel au Père en sa divinité, consubstantiel à nous en son humanité car des deux natures, la divine et l'humaine, l'union s'est faite. C'est pourquoi nous confessons un seul Christ, un seul Fils, un seul Seigneur et, à cause de cette union sans mélange, nous confessons que la Sainte Vierge est Mère de Dieu, *Theotokos*, parce que le Verbe de Dieu s'est fait chair et s'est fait homme et que, dès sa conception, il s'est uni au temple qu'il a pris d'elle » (P. Th. Camelot).

Cette querelle sur un titre à attribuer ou non à Marie revêt une portée christologique.

Voilà qui peut nourrir notre contemplation et nous inciter à chanter avec la liturgie : « Ô admirable échange ! Le Créateur du genre humain, prenant un corps et une âme, a daigné naître de la Vierge; et, entrant dans l'humanité [...], il nous a donné part à sa divinité » (antienne des laudes du 1er janvier). ■

Sylvaine Lacout, théologienne,
laïque consacrée de la communauté des Béatitudes

Demeurons dans l'espérance !

Au terme de cette année jubilaire, continuons à être les pèlerins de l'espérance.

Le pape François a voulu que l'année sainte 2025 conduise les croyants à découvrir combien « l'espérance ne déçoit pas ! » (Rm 5, 5). Alors que l'année jubilaire s'achève, continuons à demeurer dans l'espérance et laissons-nous renouveler par la parole de Dieu.

L'espérance dans l'Ancien Testament repose sur une relation de confiance avec Dieu. Elle prend la forme de promesses dans l'histoire patriarcale et les prophètes ajoutent une dimension eschatologique, reliant le présent aux promesses divines futures. Dans le Nouveau Testament, l'espérance va prendre un visage nouveau avec la mort et la résurrection de Jésus. En ressuscitant, il ouvre la source de l'espérance, il en inaugure le sens : une vie avec Dieu au-delà de la mort. Dieu lui-même est désigné comme « le Dieu de l'espérance ». L'espérance chrétienne se base comme celle de l'Ancien Testament sur la fidélité du Seigneur en ses promesses, mais elle s'enracine solidement sur l'intercession du Christ auprès du Père, grand prêtre de l'Alliance nouvelle. Le Christ est rentré dans le royaume des Cieux, il nous entraîne à sa suite : « Il a voulu leur faire connaître quelles sont les richesses et la gloire de ce mystère parmi les païens : Christ au milieu de vous, l'espérance de la gloire ! » (cf. Col 1, 27).

« Espère le Seigneur, sois fort et prends courage ; espère le Seigneur. »
Ps 26 (27), 14

Dieu lui-même espère en l'homme, il l'aime et a foi en lui. Après la faute, le cri de Dieu interpellant Adam : « Adam où es-tu ? » est rempli d'espérance mais Adam passe à côté de la miséricorde du Père ! La parabole du Fils prodigue montre aussi un Père espérant contre toute espérance le retour de son fils : « Tandis qu'il était encore loin, son père l'aperçut et fut pris de pitié ; il courut se jeter à son cou et l'embrassa tendrement. Le fils alors lui dit : "Père, j'ai péché contre le ciel et envers toi, je ne mérite plus d'être appelé ton fils." » (cf. Lc 15, 20-21).

Le Christ est mort pour tous. Espérer pour tous fait partie de la vocation chrétienne. Celui qui espère pour son frère, collabore de façon effective à la mission de Dieu. La jeune Thérèse Martin priant pour la conversion du condamné à mort Pranzini l'avait bien compris. Sa prière fut exaucée. Juste avant de monter sur l'échafaud, Pranzini se tourna vers son Seigneur ! ■

Propos recueillis par **Geneviève Pasquier**, journaliste

« Je ne suis jamais seule »

Anne, 65 ans, est mère de trois enfants et grand-mère de trois petites filles. Elle a servi l'Église de multiples façons : catéchèse, décoration florale, etc. Avec son mari, elle est investie dans la communauté assomptionniste de Saint-Lambert-des-Bois. La prière est son moteur quotidien.

« Je suis tombée toute petite dans la "marmite" de l'amour de Dieu et de la prière ! Dès mon plus jeune âge, j'ai eu conscience que l'amour de Dieu m'était donné et que la prière me nourrissait. Ma prière, c'est une relation, une liberté et non un rituel ou une obligation. Elle se déroule au fil de ma journée : une fleur, un sourire, une épreuve… tout peut être une occasion de louer le Seigneur ou de lui confier mes tracas et mes difficultés. Mes journées sont comme une succession de petites prières, je ne suis jamais seule puisque le Seigneur m'accompagne. Avec mes amies proches, nous nous envoyons des SMS pour échanger des nouvelles, nous confier nos joies et nos peines, on se dit tout. Avec le Seigneur, je suis en communion : c'est différent, il n'y a pas d'intermédiaire, je suis avec lui telle que je suis. Dans le quotidien de ma prière, je suis à la fois Marthe et Marie : je

© Sandrine Martin

fais le ménage, la cuisine… et je me mets aussi aux pieds de Jésus, en lisant sa Parole. Avec lui, je passe par toutes les émotions : je lui confie mes colères et mes joies, mes étonnements et mes convictions, ma gratitude et mon découragement.

C'est un dialogue continu, parfois fécond, parfois bien aride. C'est toujours surprenant, car le Seigneur répond là où l'on ne l'attend pas, ou demeure bien silencieux. Ce silence de Dieu est une interrogation pour moi : pourquoi semble-t-il être absent ? Aujourd'hui, c'est un mystère que j'admets, car je sais que lui m'accepte telle que je suis. Je suis sûre de son amour indéfectible pour moi. Ma prière est ma réponse libre à son amour. L'amour qu'il me donne est gratuit. Je lui réponds donc dans la spontanéité. Sans l'Esprit qui souffle, et j'ai la conviction qu'il souffle vraiment, ma prière ne serait pas aussi naturelle, continue et profonde. »

QUESTION DU MOIS

Pourquoi l'année liturgique débute-t-elle avec l'Avent ?

Pâques est la plus grande fête chrétienne, mais c'est le premier dimanche de l'Avent qui ouvre l'année liturgique. Lectures et prières du Missel permettent de le comprendre. Les évangiles des derniers dimanches du temps ordinaire évoquent le retour du Seigneur à la fin des temps et le début de l'Avent prolonge cette thématique de la Parousie. En effet, l'Avent « est à la fois un temps de préparation aux solennités de la Nativité (premier avènement) […] et un temps où […] les âmes se tournent vers l'attente du second avènement du Christ à la fin des temps » (Normes universelles de l'année liturgique, n° 39), « pieuse et joyeuse attente » célébrant la présence du Seigneur à son Église en chaque eucharistie. Le Missel offre deux préfaces de l'Avent : la première, priée du début de l'Avent au 16 décembre, insiste sur le retour du Seigneur à la fin des temps; ce n'est que dans le second temps, à partir du 17 décembre (semaine préparatoire à Noël), que la seconde préface nous tourne résolument vers Noël, mémoire de l'Incarnation de Jésus.

L'Avent inaugure l'année liturgique parce qu'il relance notre désir de celui qui « viendra de nouveau ». Le déploiement liturgique de toute l'année est une pédagogie spirituelle au service de tous les pèlerins d'espérance qui, saisis par l'amour de Dieu, ont hâte de vivre en lui. ■

Michèle Clavier, *théologienne*

Voyage solidaire à Madagascar

Ce voyage solidaire et spirituel, vous emmène au cœur de l'île de Madagascar qui allie biodiversité, artisanat et foi vivante. D'Antananarivo à Ifaty, en passant par Antsirabe, Ambositra, Fianarantsoa, Ambalavao, le parc national de Ranomafana, le massif de l'Isalo ou la réserve de Reniala, vous découvrirez une île d'une richesse culturelle et écologique exceptionnelle. Vous rencontrerez aussi des communautés locales et des acteurs locaux engagés : les frères de Saint-Gabriel, les sœurs de l'Assomption, ou encore les associations Akamasoa du père Pedro et *Hope for the Future.*

Ambositra sur le chemin vers Ifaty.

Baobab dans la réserve de Reniala.

© AdobeStock

PRATIQUE **Du 3 au 13 avril 2026.** Une proposition **"La Croix"** organisée par Bipel. **Renseignements et inscriptions :** 02 99 30 58 28 ou bipel.voyages@bipel.com

Kébalo Takouda, volontaire international de réciprocité avec la DCC*, actuellement en mission à l'abbaye de la Pierre-qui-vire (89)

Entre la terre et le ciel

« En novembre 2023, j'ai eu la chance de réaliser une mission de service civique au lycée agricole de Saint-Gaudens (31), en France. De retour au Togo, j'ai continué mes activités jusqu'à postuler, en octobre 2024, à une expérience hors du commun : une mission dans une abbaye, au cœur de la forêt du Morvan, pour y développer la permaculture. Au début, ce fut difficile : travailler sans parler, partager des repas en silence, communiquer par gestes. Mais, peu à peu, j'ai appris à aimer cette simplicité : prier avec les frères avant et après les activités, réciter le Notre Père lors des sorties ou des activités de groupe dans la nature… Ces moments m'ont appris à goûter à l'essentiel. Chrétien protestant et originaire du Togo, je participe avec joie aux offices tout en communiant. J'accueille cette mission comme un cadeau du Seigneur. Je garde en mémoire des gestes précieux, comme mon anniversaire célébré par les frères ou ma participation au Jubilé des jeunes, en Italie, grâce à la Pierre-qui-vire. Je n'oublie pas non plus mes rencontres avec les bénévoles et les hôtes qui viennent nous aider. Cette expérience m'a ouvert à une autre façon de vivre ma foi. » ■

*La Délégation catholique pour la coopération (DCC) est le service du volontariat de l'Église en France.

DCC

1. Placement des tuyaux de goutte à goutte sur les buttes au mois d'avril.

2. Récolte de potiron avec le frère François d'Assise.

3. Balade du samedi au lac de Saint-Agnan avec le frère Pierre.

Anne-Quitterie Jozeau, journaliste

Quelques jours à Taizé

Du 28 décembre au 1er janvier, la Rencontre européenne de Taizé rassemble plusieurs milliers de jeunes à Paris ***(lire p. 210).*** **L'occasion d'aller voir ce qui se vit à Taizé, en Saône-et-Loire, où se trouve la communauté œcuménique depuis soixante ans.**

En cette mi-septembre, plusieurs centaines de personnes, du Congo, d'Allemagne, de France ou d'Italie, se retrouvent à Taizé pour vivre une semaine bien remplie, entre les prières, les groupes de parole, les temps de service et les moments conviviaux. « L'aspect cosmopolite de Taizé me plaît beaucoup », résume Jules, 20 ans, assis en tailleur devant les cinq cloches emblématiques de Taizé. « On échange avec des personnes si différentes de nous. Ici, j'apprends à écouter, à dialoguer et à me nourrir des réflexions de chacun », poursuit celui qui a décidé d'être volontaire à Taizé pendant un mois.

Trois hommes d'une vingtaine d'années s'assoient dehors sur des bancs de bois. L'un d'eux, Damian, lance : « Je peux vous demander si vous êtes croyant ? Parce que moi, j'ai du mal à savoir… » S'ensuit une conversation à cœur ouvert. Entre ces jeunes, un luthérien, un catholique et un agnostique, le courant est visiblement passé !

Les cloches sonnent à la volée. Il est 12 h 20, rendez-vous à l'église pour

© Taizé

Dans le parc de la communauté de Taizé, en Saône-et-Loire.

la deuxième prière commune de la journée. Un à un, les participants entrent dans l'église pour entonner, assis par terre, quelques célèbres chants de Taizé. « J'aime beaucoup ces chants : ils sont méditatifs et émouvants. Ça me fait penser au chapelet : à force de répéter les paroles ça devient un mantra et ça m'aide à prier », explique Cécilia, 28 ans, qui vient de Marseille. Puis, tournés vers l'autel, les frères de Taizé et les visiteurs de la semaine se recueillent en silence pendant une dizaine de minutes. Héloïse, 17 ans, prend le temps de réfléchir aux autres, à sa vie. « Je n'ai jamais fait ça ailleurs qu'à Taizé ! », confie-t-elle ensuite. « Au début, je ne savais pas quoi faire », avoue Clara, lycéenne belge venue avec sa classe de terminale. « Alors, j'ai commencé à remplir le carnet offert par nos professeurs au début de la semaine, poursuit la jeune femme aux grands yeux bleus. Il est plein de questions à …

… méditer, sur notre état intérieur par exemple. »

Les jeunes présents à Taizé sont nombreux à vouloir se rapprocher de Dieu. « Ici, c'est la première fois que je me confie à lui », témoigne Baptiste, 17 ans. Parfois peu habitués à la messe ou au culte, ils sentent que la semaine aura des bénéfices sur leur vie spirituelle. « Après Taizé, j'ai envie de prendre un temps de silence quotidien et de parler davantage à Dieu », réfléchit à haute voix Jules, qui compte revenir pendant six mois lors de son année de césure. Un ami de Baptiste trouve les temps de prière « apaisants ». Il glisse, entre deux tintements de cloches : « La prochaine fois que ma mère me proposera de l'accompagner à la messe, au lieu de refuser catégoriquement, j'y réfléchirai ! »

Aujourd'hui, Taizé demeure pour les jeunes un « lieu de ressourcement et un lieu pour trouver un chemin de confiance, où nous essayons de les rencontrer cœur à cœur », confie frère Sébastien, pour qui l'accueil des jeunes fait partie de la vocation de la communauté. ■

Taizé en chiffres

La communauté compte 80 frères, qui vivent principalement à Taizé même.
Environ 50 000 visiteurs se rendent chaque année à Taizé.
En un an, 200 000 petits pains y sont consommés au petit-déjeuner ;
et 60 000 bougies sont allumées pour la veillée du samedi soir,
appelée la « Veillée de la Résurrection ».

Informations communiquées sous réserve de modifications. Renseignez-vous avant de vous rendre aux endroits indiqués.

LE JOUR DU SEIGNEUR – FRANCE 2

7/12 11 heures : chapelle de l'Université catholique de Lille (59). Prédicateur : P. Franck Dubois.

14/12 11 heures : église du Saint-Sacrement, Lyon (69). Prédicateur : P. Frédéric Ozanne.

21/12 11 heures : église Notre-Dame-de-la-Croix de Ménilmontant, Paris (XXe). Prédicateur : *information non communiquée.*

25/12 **MINUIT :** basilique Saint-Pierre, Rome, en mondovision. Prédicateur : pape Léon XIV.

25/12 11 heures : Suisse. Prédicateur : *information non communiquée.*

25/12 **MIDI :** Bénédiction *urbi et orbi* prononcée par le pape Léon XIV, en direct du Vatican.

28/12 11 heures : église du Sacré-Cœur, Ris-Orangis (91). Prédicateur : P. Marc-Antoine Bêchétoille.

FRANCE CULTURE (10 h 05)

7/12 Chapelle Notre-Dame de la Médaille miraculeuse, Paris (VIIe). Prédicateur : Mgr Robert Le Gall.

14/12 Chapelle Notre-Dame de la Médaille miraculeuse, Paris (VIIe). Prédicateur : P. Gilles Drouin.

21/12 Chapelle Notre-Dame de la Médaille miraculeuse, Paris (VIIe). Prédicateur : P. Guillaume de Menthière.

25/12 **MINUIT :** cathédrale Saint-Spire, Corbeil-Essonnes (91). Prédicateur : P. Frédéric Gatineau.

25/12 Chapelle Notre-Dame de la Médaille miraculeuse, Paris (VIIe). Prédicateur : Mgr Bernard Podvin.

28/12 Chapelle Notre-Dame de la Médaille miraculeuse, Paris (VIIe). Prédicateur : P. Bertrand Bousquet.

PODCAST

Parcours Avent 2025 « Levons les yeux ! »

Après le succès de la retraite de Carême, *Prions en Église* propose une nouvelle retraite pour l'Avent sur le site et l'application. Du 30 novembre au 25 décembre, le père Sébastien Antoni, journaliste à *Prions en Église,* invite à une lecture quotidienne des évangiles de la liturgie de l'Avent. Peu à peu, un chemin se dessine pour ceux qui le suivent. Il s'agit non seulement de se souvenir de Noël et de la naissance du Sauveur à Bethléem, mais aussi de lever les yeux vers son retour aujourd'hui, pour le peuple que nous sommes. Avec les grands témoins de ce parcours : Zacharie, Élisabeth, Jean Baptiste, Joseph, la Vierge Marie et d'autres, chacun peut retrouver le goût de l'attente et découvrir dans sa vie ce qui a besoin d'être transformé et sauvé. ■

Xavier Jaricot

À retrouver à partir du 30 novembre sur le site et l'application *Prions en Église.*

CD

Merry Christmas
Les plus grands classiques de Noël
Béatrice Gobin
Bayard Musique

Lorsque le temps de Noël approche ou qu'il est arrivé, on aime entendre dans nos maisons les chants traditionnels de cette fête. La voix lumineuse de Béatrice Gobin porte ces mélodies intemporelles accompagnées par des arrangements aux rythmes frais et légers.

Bach from Italy

Gli Incogniti, Amandine Beyer, Harmonia Mundi

Sans avoir jamais fait le voyage en Italie, Bach a joué et transcrit les œuvres de ses contemporains vénitiens. Dans ce double album, l'ensemble Gli Incogniti nous fait percevoir la lumière vénitienne d'œuvres de Bach en les alternant avec des pièces de Vivaldi et des frères Marcello. ■

Dominique Pierre

EXPOSITION

Collection Antoine Béal

Étude pour La Flagellation du Christ
Pierre Subleyras, collection Antoine Béal, Paris

L'art de transmettre. La collection Antoine Béal

Le musée des Beaux-Arts d'Orléans est né il y a deux cent ans grâce à des collectionneurs passionnés. Pour célébrer cet anniversaire, l'institution dévoile la collection d'Antoine Béal, amateur éclairé et généreux donateur. À travers soixante œuvres, l'exposition met en lumière son goût pour la peinture française et italienne du XVIIe au XIXe siècle, ainsi que le don sous réserve d'usufruit, qui permet de donner de son vivant tout en gardant les œuvres chez soi. ■

Hélène Roquejoffre, *Le Monde de La Bible*

Jusqu'au 29 mars 2026 – Musée des Beaux-Arts d'Orléans, place Sainte-Croix 45000 Orléans – www.museesorleans.fr

LIVRES

Vers la joie et autres méditations

François Cassingena-Trévedy, Ephata, 104 p.

Moine bénédictin, François Cassingena-Trévedy vient d'être distingué lors de la 8e édition du prix littéraire de la liberté intérieure pour son ouvrage *Paysan de Dieu*. Sa voix singulière se retrouve dans cette réédition en format de poche de ses méditations sur la joie. Appelant à ne pas céder au découragement ambiant, l'auteur interroge trois domaines : la création, les ministères et la célébration liturgique. Magistral.

Cette paix qui vient de Dieu

Léon XIV, coédition Bayard – Salvator, 160 p.

Dès sa première apparition publique, le 8 mai 2025, Léon XIV a partagé quelques-uns des accents de son début de pontificat, exprimant notamment l'espoir d'une paix « désarmée et désarmante ». Cet ouvrage, dont le titre reprend ce thème, rassemble opportunément les premiers discours du pape, placés sous les signes de la primauté de Dieu, de l'unité, de la communion et de la construction d'un monde réconcilié.

Dom Robert, moine et artiste

Sophie Guérin Gasc, Hazan, 208 p.

Dom Robert, nom religieux de Guy de Chaunac Lanzac (1907-1997), s'est fait connaître comme l'un des grands peintres cartonniers de tapisserie en France. Sophie Guérin Gasc retrace le parcours artistique et spirituel de ce moine bénédictin, ami du philosophe Jacques Maritain. Cet ouvrage grand format explore en profondeur une œuvre riche en couleurs et inspirée par la beauté et la vérité de la Création. ■

Robert Migliorini

AGENDA

Informations communiquées sous réserve de modifications.

Grand Nord-Ouest

ANGERS (49)

SAMEDI 13 ET DIMANCHE 14

Week-end

Ces deux jours autour du thème « Renaître quand on est vieux ? » (Jn 3, 4) s'adressent aux étudiantes et aux jeunes professionnelles. Ils s'inscrivent dans le cadre des week-ends « Femmes au service de la vie », organisés par quatre communautés religieuses œuvrant dans le soin et l'hospitalité.

Un temps pour se former et s'engager en tant que femme dans la société.

Chez les Servantes des Pauvres.

femmesauservicedelavie@gmail.com

https://femmes-vocations-vie.wixsite.com/fasdlv

MONTLIGEON (61)

DU MARDI 30 DÉCEMBRE AU JEUDI 1ER JANVIER

Nouvel an

Seul ou en famille, commencer l'année auprès de Notre-Dame de Montligeon.

02 33 85 17 00

www.montligeon.org/agenda/

Grand Nord-Est

DIJON (21)

MARDI 2

Retraite d'un jour

« L'amour prend patience » (1 Co 4 13). Une journée, de 9 heures à 16 heures, sur la tempérance et la patience à partir des catéchèses du pape François. Avec les Pères de l'Oratoire, à la maison diocésaine.

03 80 38 18 85

mp.barnay@gmail.com

MOUVAUX (59)

DU SAMEDI 27 AU MARDI 30

Retraite

« Prenons le temps de contempler les bergers, les mages et la Sainte Famille », avec Anne-Dominique Wattelle, sœur de l'Enfant-Jésus de Lille, au Centre spirituel du Hautmont. Pour s'imprégner de ce que chaque personnage a dû oser pour s'ajuster à ce mystère.

03 20 26 09 61

contact@hautmont.org

www.hautmont.org

Grand Sud-Ouest

URT (64)

SAMEDI 6

Formation

« Samedi biblique », une journée de formation •••

••• biblique, de 9 h 30 à 16 h 30. Animée par Yann Quiquempois, bibliste, au monastère Sainte-Scholastique. Au programme : prières, enseignements, échanges fraternels, eucharistie et repas tiré du sac autour d'un thème biblique.
06 70 06 69 71
yann.quiquempois@hotmail.fr

DOURGNE (81)

DU MARDI 30 DÉCEMBRE AU VENDREDI 2 JANVIER

Retraite

Retraite de trois jours en silence avec la parole de Dieu et selon les Exercices spirituels, organisée par le centre spirituel jésuite Coteaux Païs, à l'abbaye bénédictine de Dourgne. Chaque jour, plusieurs moments de prière personnelle à partir d'un texte de l'Écriture. Un climat de silence, y compris pendant les repas, permet à chacun de suivre son propre cheminement en respectant celui des autres.
05 62 71 65 30
secretariat@coteaux-pais.net
www.coteaux-pais.net

Grand Sud-Est

VICHY (03)

DU DIMANCHE 7 AU VENDREDI 12

Retraite

Retraite de l'Avent sur le thème « Vivre l'instant présent sous le regard de Dieu » avec le père Jack Youssef, proposée par la communauté lazariste à la Maison du Missionnaire.
04 70 98 34 29
accueilmaisondumissionnaire@gmail.com

MEYLAN (38)

JEUDI 11

Conférence

« L'espérance à l'épreuve du chaos mondial, un appel au sursaut spirituel », avec William Clapier, théologien, de 20 heures à 21 h 30. Une soirée organisée par le groupe de recherche « Terre en péril – Terre en partage », qui explore les nombreux chemins d'espérance ouverts par l'écologie intégrale du pape François, au Centre théologique de Meylan-Grenoble.
04 76 41 62 70
ctm-grenoble.org

LES HOUCHES (74)

DU VENDREDI 26 DÉC. AU JEUDI 1ER JANVIER

Retraite

« À l'ombre de l'Esprit, vivre la joie de l'Évangile ! », pour les jeunes de 18 à 35 ans avec le père Emmanuel Gosset, au Foyer de charité de La Flatière.

04 50 55 50 13
retraite@flatiere.org
www.flatiere.org

Île-de-France

AVON (77)

DU VENDREDI 5 AU DIMANCHE 7

Week-end

« Entrer dans le mystère de l'Annonciation » par la parole de Dieu, la peinture de Fra Angelico, la méditation d'Édith Stein. Avec le frère •••

ZOOM

BÉATIFICATION DE CINQUANTE FRANÇAIS MORTS PAR HAINE DE LEUR FOI

Cinquante Français issus de trente diocèses différents sont béatifiés le 13 décembre à Notre-Dame de Paris. Il s'agit de prêtres, de séminaristes, de religieux, de militants de l'Action catholique, de scouts… Ils furent tous envoyés pendant la Seconde Guerre mondiale par des évêques français (notamment le cardinal Suhard, archevêque de Paris, et l'abbé Jean Rodhain) exercer un apostolat auprès des jeunes de 19 à 25 ans transférés en Allemagne dans le cadre du Service du travail obligatoire (STO). Partis en sachant que leur apostolat serait clandestin, ils virent leur situation devenir encore plus critique en décembre 1943, après la publication de l'ordonnance Kaltenbrunner décrétant l'élimination de tous ceux qui menaient une activité religieuse auprès des jeunes travailleurs civils français : elle était considérée comme anti allemande. Le 20 juin dernier, Léon XIV a signé le décret reconnaissant le martyre de ces cinquante Français morts par haine de la foi sous le régime nazi en 1944 et 1945. ■

Geneviève Pasquier

…Didier-Marie Golay, au Centre spirituel des Carmes d'Avon.
01 60 72 28 45
contact@centrespirituel-avon.org
www.centrespirituel-avon.org

SAINT-PRIX (95)

SAMEDI 6 ET DIMANCHE 7

Retraite

« Les vertus, un chemin vers le bonheur », une retraite pour les couples, prêchée par le père Matthias Amiot, à Massabielle. Elle propose des points d'appuis concrets pour déployer en soi les vertus, afin de relancer son couple dans le chemin de la sainteté.
retraites.massabielle@equipes-notre-dame.fr
www.massabielle.net

SAINT-GERVAIS (95)

DU VENDREDI 12 AU DIMANCHE 14

Session

« Écriture et contemplation ». Un week-end autour de quelques psaumes, ces poèmes qui traversent notre humanité. Des temps d'introduction biblique sont donnés par sœur Emmanuelle Billoteau, ermite et théologienne, bien connue des lecteurs de *Prions en Église*, en alternance avec des temps d'écriture poétique animés par Annick Combier, écrivaine.
01 34 67 00 39
contact@centre-assise.org

Belgique

FLEURUS

SAMEDI 20

Halte spirituelle

Vivre Noël avec les pères cisterciens. Une journée de 9 h 30 à 17 heures, animée par une moniale de la communauté de l'abbaye de Soleilmont.
+32 071 38 02 09
accueil@abbayedesoleilmont.be
www.abbayedesoleilmont.be

ENVOYEZ VOS RENDEZ-VOUS À L'AGENDA DE PRIONS EN ÉGLISE

Merci d'envoyer les informations nécessaires 3 mois avant l'événement, sans engagement de publication par la rédaction, à : *Prions en Église,* Agenda, 15 boulevard Gabriel Péri, CS 10042 92245 Malakoff Cedex, ou par e-mail : *prionseneglise@groupebayard.com*

PrionsenÉglise 15, boulevard Gabriel-Péri CS 10042
www.prionseneglise.fr 92245 Malakoff Cedex

▶ **POUR CONTACTER LE SERVICE CLIENT : 01 74 31 15 01** – service.client@groupebayard.com
(Préciser : nom + adresse postale + « concerne Prions en Église ».)

▶ **POUR VOUS ABONNER : 01 74 31 15 01** – www.librairie-bayard.com
Bayard, Prions en Église, TSA 60007, 59714 Lille Cedex 9

▶ **POUR CONTACTER LA RÉDACTION :** prionseneglise@groupebayard.com

Directeur de la publication : François Morinière. Directrice déléguée : Emmanuelle Delapierre. Rédaction : Karem Bustica (rédactrice en chef), Dominique Pierre (rédacteur en chef délégué), Pomme Mignon (rédactrice en chef adjointe visuel, directrice artistique), Aurore de Neuville (rédactrice en chef adjointe), Armelle Gabriel (assistante), Nicolas Crouzier (secrétaire général de la rédaction), Jean-Baptiste Deau, Cécile Toussaint (1ers secrétaires de rédaction), Laurent Sangpo (rédacteur graphiste), Ania Biszewska (rédactrice photo), Sébastien Antoni (chef de grande rubrique), Anne-Quitterie Jozeau, Geneviève Pasquier (rédactrices). Prépresse : Milan. Ont participé : Michèle Clavier, Thibault Van Den Driessche. Marketing éditeur et développement : Amandine Boivin. Marketing diffusion et abonnement : Aurore Bertrand (directrice), Sandrine Dos Santos (chef de marché). Directeur des terrains catholiques : Cédric Bloquet. Contrôle de gestion : Marie-Albane de Vallée. Fabrication : Grégory Cervantes. Impression : Maury SAS, Z.I. Route d'Étampes, 45330 Malesherbes.

Prions en Église est édité par Bayard, société anonyme à Directoire et Conseil de Surveillance au capital de 16 500 000 €. Actionnaires : Augustins de l'Assomption (93,7 % du capital), SA Saint-Loup, Association Notre-Dame de Salut. Directoire : François Morinière (président et directeur de la publication), Dominique Greiner (directeur général). Président du Conseil de Surveillance : Hubert Chicou. Dépot légal à parution. CPPAP : 0425K86471 - ISSN : 0383-8285. Belgique et Luxembourg : Bayard Presse Bénélux, Da Vincilaan, 1 – 1930 Zaventem. Tél. : 0800 250 38 (de Belgique, gratuit) ou 800 29 195 (du Luxembourg). Web marché chrétien : librairie-bayard.com. Suisse : Asendia Press Edigroup SA, Chemin du Château-Bloch 10, 1219 Le Lignon. Tél. : 00 41 22 860 84 02. Mail : abobayard@edigroup.ch

PEFC
10-31-1282
Certifié PEFC
Ce produit est issu de forêts gérées durablement et de sources contrôlées.
pefc-france.org

IMPRIM'VERT

***Prions en Église* agit pour l'environnement**
Origine du papier : France. Taux de fibres recyclées : 100 %. Origine des fibres : papier issu de forêts gérées durablement. Impact sur l'eau : PTOT 0,003 kg/T

FR

Ce numéro comporte :
***Sur la totalité de la diffusion :** encart broché "Prions en Église" parrainage ; encart posé "Prions en Église Junior" ; encart jeté "Prions en Église" autopromotion 2025-2026 ; encart jeté "Prions en Église".*
***Sur une partie de la diffusion :** encart posé "Bayard jeunesse" offre d'abonnement ; encart posé "La Croix L'Hebdo" abonnement ; relance posée "Bayard" offre d'abonnement.*

Bulletin d'abonnement

EN CADEAU

OUI, je m'abonne à *Prions en Église*

Je recevrai le hors-série *Pâques 2026* en février

EDITION	POCHE (13 x 11,9 cm) PRI	GRAND FORMAT (16 x 14,6 cm) PRI	
PRÉLÈVEMENT MENSUEL Uniquement par internet	4,90 €/mois	5,75 €/mois	+ un accès à tous les contenus du site et de l'application
PAIEMENT COMPTANT	1 an (12 n^os) ☐ 59 €	1 an (12 n^os) ☐ 69 €	
	2 ans (24 n^os) ☐ 105 €	2 ans (24 n^os) ☐ 115 €	
	Étudiant 1 an ☐ 29,95 €*		

PAR COURRIER Renvoyez ce bulletin accompagné de votre chèque payable en France libellé à l'ordre de « Bayard » à l'adresse suivante : **Bayard - TSA 40020 - 93539 Aubervilliers CEDEX**

PAR INTERNET sur **librairie-bayard.com/abopri** (paiement 100 % sécurisé)

▶ Le paiement en espèces n'est pas accepté. N'envoyez en aucun cas d'espèces par courrier.

COORDONNÉES ☐ Mme ☐ M. Prénom

Nom A177757

Complément d'adresse (résid./esc./bât.)

N° et voie (rue/av./bd...)

Code postal Ville

Pays Date de naissance J J M M A A A A

Tél. E-mail

Pour recevoir la confirmation de votre abonnement, nos newsletters et correspondre avec vous par courriel

RENSEIGNEMENTS POUR LES ABONNEMENTS HORS FRANCE MÉTROPOLITAINE

		DOM-TOM & UE	AUTRES PAYS	BELGIQUE	SUISSE
Téléphone		(33) 174 311 501		02 808.09.85**	(022) 860 84 02
POCHE	1 an	62 €	68 €	Renseignez-vous sur les tarifs et abonnez-vous par téléphone	
	2 ans	111 €	123 €		
GRAND FORMAT	1 an	72 €	78 €		
	2 ans	121 €	133 €		

*Uniquement en France métropolitaine. Cette offre ne contient pas de cadeau. Joindre une photocopie de la carte d'étudiant.

**Appel gratuit

GRELHS0137

Offre valable jusqu'au 31/06/2026 pour tout 1er abonnement. *Si votre abonnement est enregistré au-delà du 10 février 2026, alors vous recevrez en avril le hors-série *Les mots de la Bible*. Les cadeaux sont expédiés sous 5 semaines maximum après enregistrement du paiement. En cas de rupture de stock, vous recevrez un cadeau d'une valeur commerciale équivalente. Visuels non contractuels. Bayard s'engage à la réception du 1er n° dans un délai de 4 semaines au maximum après enregistrement du règlement. Vous disposez d'un délai de 14 jours à compter de la réception du 1er n° de votre magazine pour exercer votre droit de rétractation en notifiant clairement votre décision à notre service client. Vous pouvez également utiliser le modèle de formulaire de rétractation accessible dans nos CGV. Nous vous rembourserons dans les conditions prévues dans nos CGV sur : https://librairie-bayard.com/cgv. Ces informations sont destinées au groupe Bayard, auquel *Prions en Église* appartient. Elles sont enregistrées dans notre fichier clients à des fins de traitement de votre abonnement. Conformément à la loi *Informatique et libertés* du 06/01/1978 modifiée et au RGPD du 27/04/2016, elles peuvent donner lieu à l'exercice du droit d'accès, de rectification, d'effacement, d'opposition, à la portabilité des données et à la limitation des traitements ainsi qu'à connaître le sort des données après la mort. Votre adresse mail sera utilisée pour vous envoyer les newsletters que vous avez demandées ou dont vous bénéficiez en tant que client. Vos coordonnées postales et téléphoniques pourront être utilisées à des fins de prospection commerciale par Bayard. Votre n° de téléphone portable pourra être utilisé pour vous envoyer des SMS concernant vos abonnements. Votre nom associé à vos coordonnées postales et téléphoniques sont susceptibles d'être transmises à nos partenaires (éditeurs, associations, vente par correspondance...). Vous pouvez exercer vos droits et vous opposer à la prospection commerciale en vous connectant à https://www.groupebayard.com/fr/contact ou en envoyant votre demande à : Bayard (CNIL), TSA 10065, 59714 Lille CEDEX 9, France. Pour plus d'informations, nous vous renvoyons aux dispositions de notre politique de confidentialité sur le site groupebayard.com. Nous vous informons de l'existence de la liste d'opposition au démarchage téléphonique « Bloctel », sur laquelle vous pouvez vous inscrire ici : https://www.bloctel.gouv.fr